Karl Ernst   Ursula Ruthemann

10 × 10 Übungen zur Kommunikation

Band 8 der Reihe «10x10 Aufgaben und Spiele für den Unterricht»

A   B   C   D   E   F   G   H   I   K

Vorwort

Für viele ist der Gedanke, sich mit Fragen der Kommunikation zu befassen, zunächst fremd: Verlieren wir nicht unsere Spontaneität, unsere Echtheit, wenn wir uns unsere Reaktionsweisen zu überlegen beginnen und unsere Worte auf die Goldwaage legen? Vielleicht ist jeder Lernprozess bis zu einem gewissen Grad eine «Vertreibung aus dem Paradies», ein In-Frage-Stellen vertrauter Reaktions- und Handlungsweisen. Das kann zunächst verunsichern, und es soll dies auch, denn nur so können neue Verhaltensweisen entstehen. Weil Neues verunsichert, muss mit den Übungen sorgfältig umgegangen werden, denn nicht jede ist in jeder Situation unbedenklich. Deshalb sind manchmal Voraussetzungen angegeben, die wir für die Übung als wichtig erachten. Aber auch dies erspart den Lehrpersonen nicht, sorgfältig abzuwägen, welche Übung wann einzusetzen ist.

Durch Reden über das Reden, also durch die Metakommunikation, können wir die Dynamik von Gesprächen zu erkunden versuchen. Auch hier ist das Erspüren der eigenen Gefühle ein wesentlicher Zugang: «Ich fühle mich verletzt, wenn du das so sagst …». Dann kann der Gesprächspartner immer noch sagen: «Oh, das wollte ich gar nicht» oder aber «Durch das, was du vorher gesagt hast, habe ich mich meinerseits verletzt gefühlt.»

Die hier vorgeschlagenen Übungen sollen dazu dienen, dass wir uns über Kommunikation Gedanken machen. Sie können mit der Zeit zu einer Haltung führen, bei der wir Kommunikationssituationen – wenn nicht durchschauen und analysieren – doch mindestens nicht mehr als feste, unausweichliche Abläufe betrachten, denen wir hilflos ausgeliefert sind. Wir erhalten Handlungsalternativen, lernen Situationen deuten, kurz wir gewinnen eine gewisse «Mündigkeit».

Die Übungen sind aus vielen Quellen zusammengetragen, für die Schule angepasst und im Unterricht erprobt worden. Einige Aufgaben werden von der Kommunikationspädagogik vorgeschlagen, andere entstammen der Gesprächstherapie mit Kindern, Jugendlichen und Erwachsenen. Die Ideen und Aufgaben sind denn auch für alle Stufen nützlich, auch für die Erwachsenenbildung, doch müssen sie hie und da angepasst werden.

Max Röthlisberger hat uns beraten und unterstützt, wir danken ihm herzlich.

Karl Ernst, Ursula Ruthemann

Orientierungshilfe

A 1 – A 10   sich ausdrücken: Sich verständlich machen. Das Wesentliche treffen: auf den Punkt bringen.

B 1 – B 10   Beziehungen: Durch das Gespräch Beziehungen stiften und erhalten.

C 1 – C 10   checkst du's? Genaues Zuhören fördern. Verständnis sichern lernen, wenn nötig nachfragen.

D 1 – D 10   sich durchsetzen: Interessen vertreten, überzeugen, überreden. Rhetorische Strategien.

E 1 – E 10   einander wohl wollen: Durch Gespräche die Beziehungen positiv beeinflussen.

F 1 – F 10   Feedback: Kritik empfangen. Kritisieren ohne verletzen. Trennen von Sache und Beziehung.

G 1 – G 10   Gestik, Mimik, Nonverbales: Die Wirkung nonverbaler und paraverbaler Signale erfahren.

H 1 – H 10   hinterfragen: Gesprächsverhalten hinterfragen. Metakommunikation.

I 1 – I 10   ich mit mir: Klärungsselbstgespräch, handlungsleitendes Gespräch. Sich positiv stimmen.

K 1 – K 10   Konflikte: Im Gespräch Konflikte vermeiden. Gesprächsregeln erarbeiten. Konflikte lösen.

Literatur

- **Berne, E.: Spiele der Erwachsenen. Rowohlt rororo TB, Reinbek 1970**
- **Birkenbihl, V.: Kommunikationstraining. Weltbild Verlag GmbH, Augsburg 1994**
- **Gudjons, H.: Didaktik zum Anfassen. Klinkhardt, Bad Heilbronn 1998**
- **Hagedorn, O.: Konfliktlotsen. Klett, Stuttgart 1994**
- **Klippert, H.: Kommunikationstraining. Beltz Verlag. Weinheim und Basel 1995**
- **Linke, A.; Sitta, H.: Gespräche. Miteinander reden. Praxis Deutsch Nr. 83, Mai 1987**
- **Schulz von Thun, F.: Miteinander reden 1 – 3. Rowohlt rororo TB, Reinbek 2000**
- **Weisbach, Ch.-R.: Professionelle Gesprächsführung. Beck DTV, München 1998**

Ich statt man	Partner Klasse	15 Min.	ab 4. Sj.
Ziel: ich statt man sagen	sich ausdrücken		A 1

Ich statt *man* zu sagen gilt als wichtiger Grundsatz der Kommunikation. *Ich* statt *man* zu sagen kann bewusst geübt werden.

Aufgaben

- Sucht euch eine Partnerin / einen Partner und unterhaltet euch zwei Minuten lang über mögliche Verbesserungen an eurer Schule. Nehmt das Gespräch mit dem Tonband auf oder lasst eine Beobachterin / einen Beobachter aufschreiben, wo Verallgemeinerungen vorkamen.

- Sprecht anschließend kurz über euer Gespräch:
  – Gab es Verständnisprobleme?
  – Habt ihr Verallgemeinerungen benützt wie *Man sollte ... Alle machen immer ... Es ist ja doch unmöglich ...*?

- Setzt das Gespräch fort und vermeidet Verallgemeinerungen. Beginnt die Sätze mit *Ich* oder mit der Nennung konkreter Personen.

- Sprecht jetzt über das Gespräch und behaltet die Regel bei, dass das Wörtchen «man» vermieden wird.

Auswertung

Zum Schluss kann ein Gespräch in der Klasse stattfinden:

- Was für ein Gefühl lösen die unterschiedlichen Formen aus?
- Was für Folgen hat es, *ICH* statt *MAN* zu sagen?

Wer ICH sagt, exponiert sich; er steht zu dem, was er sagt. Wer hingegen MAN sagt, versteckt sich in der anonymen Masse. ICH zu sagen braucht ein gutes Selbstbewusstsein – es stärkt dieses aber andererseits auch.

Bei dieser Übung sollen die Rollenzuschreibungen betont oder gar übertrieben werden. Wichtig ist aber, dass die Partnerin / der Partner spürt, was dies auslöst.

Hinweis

Neben der Verallgemeinerung «Man muss ...» wird oft auch «Du musst ...» in verallgemeinerndem Sinn gebraucht, auch unter Leuten, die sonst per Sie verkehren.

Gespräche spielen	Gruppe	20 Min.	ab 3. Sj.
Ziel: Gesprächsverläufe kennen lernen und erproben	sich ausdrücken		A 2

Gespräche folgen oft bestimmten Abläufen. Dies kann durch das Spielen von Gesprächen erfahren werden.

Aufgabe

- Bereitet ein Gespräch zu einem selbst gewählten Thema vor, z.B.
  - Erkundigt euch im Warenhaus, wo ihr einen bestimmten, gold-farbig schreibenden Stift findet.
  - Ihr habt etwas gekauft, das fehlerhaft ist, und bringt es zurück.
  - Sagt der Lehrerin, dass ihr die Aufgaben nicht gemacht habt.
  - Versucht eine Freundin zu überreden, mit euch einen Einkaufs-bummel zu unternehmen.
- Bestimmt, wer welche Rolle übernimmt. Die Zuhörenden erhalten einen Beobachtungsauftrag:
  - Wie begrüßen sich die Partner?
  - Wie wird das Anliegen vorgetragen?(Gesprächseröffnung)
  - Wie reagiert die angesprochene Person?
  - Wie wird das Gespräch beendet? (Abschluss)
- Führt Gespräche zu unterschiedlichen Themen mit wechselnden Partnerinnen und Partnern durch.

Auswertung

Die Auswertung erfolgt anhand der Beobachtungsaufträge. Sie kann durch Hinweise zu Mimik, Gestik, Positionen zum Partner und im Raum u.a.m. ergänzt werden.

In Gesprächssituationen müssen verschiedene Regeln beachtet werden. Dabei spielt es eine Rolle, ob die Beteiligten sich bereits kennen oder nicht. Davon hängt nicht nur der Gesprächston ab, sondern auch die Art der Kontaktaufnahme oder der Verabschiedung.

Mögliche Sprachhandlungen:

- *begrüßen, sich vorstellen*
- *etwas fragen*
- *etwas erzählen*
- *über etwas berichten*
- *etwas erklären*
- *antworten*
- *die eigene Meinung äußern*
- *sich verabreden*
- *sich verabschieden*
- *...*

Mitgemeintes	Einzeln Partner	20 Min	ab 6. Sj.
Ziel: einen Sinn für Ausdrucksform und Wortwahl entwickeln	sich ausdrücken		A 3

Wörter wecken oft unterschiedliche Vorstellungen. «Seit heute 05.45 Uhr wird zurückgeschossen!» verkündete das Radio am Tag des deutschen Einmarsches in Polen. Die Kriegspropaganda unterstellte damit, das deutsche Volk müsste sich gegen die polnischen Angriffe verteidigen. Heute werden militärische Angriffe verharmlosend als «Operation» oder sozial- und bildungspolitische Maßnahmen als «strategische Konzepte», «strukturelle Anpassungen» usw. bezeichnet.

Aufgaben (Auswahl)

- Untersucht eine Liste vorgegebener Wörter auf ihre Bedeutung hin:
  - Bildet mit jedem Wort einen Satz.
  - Beschreibt gefühlsmäßig den Bedeutungsunterschied.
  - Schaut im (Bedeutungs-)Wörterbuch die Bedeutung nach.

- Vergleicht die Darstellung einer Situation in verschiedenen Zeitungen, am Radio, im Fernsehen:
  - Welche Wörter fallen auf?
  - Wie wirken unterschiedliche Darstellungen auf euch?
  - Welche Auffassungen stehen dahinter?

- Schreibt einen Bericht der Tageszeitung so um, dass er dem Stil der Boulevardzeitung angepasst ist, und umgekehrt.

Materialien für die Übung: Unterschiedliche Presseerzeugnisse. Universal- oder Bedeutungswörterbuch.

Beispiele:

Fahrzeugkolonne	*Blechlawine*
Andersgläubige	*Heiden*
Atomstrom	*Kernkraft*
Trivialliteratur	*Schund*
Sozialdemokraten	*Sozialisten*
Geld	*Mammon*
Lehrperson	*Pauker*
Raumpflegerin	*Putzfrau*
arbeiten	*jobben*
Mann	*Typ*

In Bildern reden

	Einzeln Partner	30 Min.	ab 3. Sj.

Ziel: sich der Wirkung sprachlicher Bilder bewusst werden | sich ausdrücken | A 4

Sprachliche Bilder drücken etwas in einer übertragenen Bedeutung aus und unterstützen damit die Vorstellung bei den Zuhörenden; sie machen eine Äußerung farbig und lebendig.

Aufgaben

- Sammelt Redewendungen, die Bilder verwenden (z.B. *schlau wie ein Fuchs*). Überlegt, warum wir diese sprachlichen Bilder ausdrucksstark finden.
- Sucht bekannte und neue Redewendungen. Im Duden, Band 11, werden Bedeutung und Herkunft erklärt.
- Oft werden Gefühle in Bildern ausgedrückt: *Ich war sofort Feuer und Flamme. Die Angst schnürte mir die Kehle zu …* Sammelt Redewendungen, die Freude / Angst / Wut /Traurigkeit usw. ausdrücken.

Beispiele von Sprachbildern (Metaphern):

- *jemandem einen Bären aufbinden (= jmdm. etwas vormachen)*
- *den Boden unter den Füßen verlieren (= haltlos werden)*
- *schlafen wie ein Murmeltier*
- *arm sein wie eine Kirchenmaus*
- *aufs Glatteis geraten*
- *jemanden vor seinen Karren spannen*
- *unter den Pantoffel kommen*
- *einer Sache seinen Stempel aufdrücken*
- *…*

Kommunikationsverhalten prüfen

	Partner	45 Min.	ab 7. Sj.

Ziel: das eigene Kommunikationsverhalten kritisch prüfen   sich ausdrücken   A 5

Kommunikationsvorlieben drücken sich in den gewählten sprachlichen Wendungen aus. Es lohnt sich darum, hie und da besonders auf diese zu achten. Oft lässt sich eine negative Äußerung mit ein wenig Übung in eine positive umwandeln.

Aufgabe

- Protokolliere und analysiere die Aussagen einer autoritären Person oder einer zerstrittenen Gesprächsrunde (z.B. am Fernsehen). Versuche möglichst viele negative Äußerungen in positive umzuformen.

- Analysiere (allenfalls zusammen mit der Partnerin / dem Partner) deine eigene Sprachverwendung und überlege, was du positiver formulieren könntest.
  Beispiel: Eine Lehrperson könnte anstatt «Wer das nicht schafft, …» sagen: «Wer das schafft, … »

- Übt euch darin, durch positive Formulierungen positive Erwartungen zu signalisieren. Lasst euch (z.B. von eurer Lernpartnerin / eurem Lernpartner) entsprechende Rückmeldungen geben.

Beispiele: Formuliere positiver:

- *Wer das nicht schafft, ist fürs Gymnasium untauglich.*
- *Das ist das Minimum, was einer können muss.*
- *Wenn es jetzt nicht endlich ruhig wird, muss ich strafen.*
- *Kollege / Kollegin XY macht uns immer fertig.*
- *Wenn du nicht spurst, wirst du was erleben.*
- *Diese Arbeit zu machen bringt überhaupt nichts.*
- *So etwas würde ich an deiner Stelle nie tun.*
- *Das ist ein ganz fieser Kerl.*

Redebeitrag ankündigen	Partner Klasse	45 Min.	ab 3. Sj.
Ziel: erfahren, wie man eine Rede ankündigen kann	sich ausdrücken		A 6

Die Ankündigung einer Rede soll nach einem festen Muster geübt werden.

Aufgabe

- Bereitet zu zweit einen Redebeitrag (kurzes Referat, Information über ein Sachthema) zu einem freigewählten Thema vor. Stichworte genügen, denn ihr sollt den Beitrag nur ankünden. Dies erfolgt nach einem festen Muster:
  1 Mein Thema lautet:
  2 Ich habe das Thema gewählt, weil …
  3 In meinem Beitrag spreche ich
    – zuerst über …
    – dann sage ich etwas zu …
    – und zum Schluss will ich zeigen …
  4 Ich komme zum ersten Punkt:

- Nach einer Vorbereitungszeit von ca. 15 Minuten kündigt ihr euren Beitrag an.

Auswertung

- Wurde klar, was vom Beitrag zu erwarten ist?
- Welche Teile der Ankündigung vermochten besonders zu motivieren?
- Wie wirkten Stimme, Mimik, Gestik, Blick … auf die Zuhörenden?

Für die Zuhörenden ist es einfacher, sich auf einen Redebeitrag einzustellen, wenn sie wissen, was auf sie zukommt. Die Sprechenden ihrerseits werden durch eine Ankündigung veranlasst, ihren Beitrag zu planen.

Was hier als Einführung für ein kurzes Referat beschrieben worden ist, gilt sinngemäß für spontane Gesprächsbeiträge,
→ *vgl. A 7*

Freier Gesprächsbeitrag	Einzeln Gruppe	30 Min.	ab 4. Sj.
Ziel: sich auf einen freien Gesprächsbeitrag vorbereiten	sich ausdrücken		A 7

Ein freier Beitrag in einem Gespräch soll derart vorbereitet werden, dass dabei die natürlichen Hemmungen leichter überwunden werden können.

Aufgabe

Nehmt euch in der Klasse oder in der Gruppe ein Thema vor, zu dem alle Beteiligten etwas wissen oder zu dem sie sich eine Meinung bilden möchten.

- Überlege nun, was du selber zum Thema sagen möchtest.
- Teile deinen Beitrag in drei einzelne Aussagen auf und notiere dazu je ein Stichwort.
- Beginne so: «Ich möchte dazu drei Gedanken äußern. Zuerst … »
- Wenn es um einen Meinungsaustausch mit Begründungen geht, so beginne mit deiner Meinung und schließe die Begründungen an: «Ich bin der Meinung, dass …, und dies aus folgenden drei Gründen: …»

Auswertung

- Welche Redebeiträge waren besonders prägnant und verständlich?
- Welche Stichwörter sind nützlich gewesen?
- Wie erlebe ich die Angst vor dem Reden? Wie gehe ich damit um?

Je größer die Gruppe, vor der wir reden müssen, desto höher die Angstschwelle. Natürlich ist freies Reden Übungssache, versierte Rednerinnen und Redner spüren kaum mehr Herzklopfen. Aber auch sie legen sich im Voraus die Gedanken, die sie äußern wollen, zurecht. Das vermittelt Sicherheit.

Mein Statement

Ziel: seine Position klären und verständlich ausdrücken · sich ausdrücken · A 8

Kommunikation muss nicht ausschließlich mündlich erfolgen. Wenn Meinungen schriftlich festgehalten werden, kommen einerseits alle zum Zug, andererseits werden alle Beteiligten veranlasst, sich eine Meinung zu bilden und diese verständlich zu formulieren.

Aufgabe

Bei der folgenden Runde soll nicht gesprochen werden:

- Haltet eure Meinung zu einem Thema schriftlich fest. Beschränkt euch wenn möglich auf einen Satz.
- Gebt dann das Blatt mit eurer Meinung nach rechts weiter: Der Nächste liest den Text und kommentiert ihn mit einem Satz.
- Die Blätter werden so lange der Reihe nach weitergereicht und kommentiert, bis sie wieder beim ersten Verfasser angelangt sind.

Erst nachdem jeder alle Kommentare zu seiner Meinung gelesen hat, spricht die Gruppe über die verschiedenen Auffassungen und die Sachdiskussion nimmt ihren Fortgang.

Auswertung

- Hat die Form dazu beigetragen, dass die Meinungen geäußert und die Positionen geklärt werden konnten?
- Welches sind die Merkmale überzeugender Argumente und Appelle?

Die Übung eignet sich besonders für Situationen, in denen einzelne Wortführer das Geschehen, eine Diskussion, einen Klassenrat ... dominieren oder wenn eine Diskussion chaotisch zu werden droht, weil die Meinungen aufeinander prallen. Sie gibt auch den ruhigeren oder langsameren Kindern Gelegenheit, ihre Auffassungen zu äußern. Und sie zwingt die Indifferenten, eine eigene Position zu beziehen.

Fehlende Wörter	Gruppe	10 Min.	ab 3. Sj.
Ziel: das passende Wort finden	sich ausdrücken		A 9

Die Bedeutung von Wörtern aus dem Zusammenhang zu verstehen ist eine wichtige Fähigkeit. Die passenden Wörter zu finden auch.

Aufgabe

- Überlegt euch ein Erlebnis, Ereignis, eine Geschichte, in der möglichst viele verschiedene Tätigkeiten vorkommen.
- Notiert euch dazu die Verben, die in einem Text vorkommen würden und schreibt sie der Reihe nach auf einen Zettel.
- Jetzt erzählt ihr den Mitschülern die Geschichte, lasst dabei aber die Verben alle weg. Statt dessen sagt ihr «ups» (o.ä.)
- Die anderen sollen so gut als möglich und so schnell als möglich herausfinden, wie das fehlende Verb heißen muss, damit die Geschichte möglichst anschaulich erzählt ist.
- Wer die Geschichte erzählt, darf entscheiden, welches Verb er am zutreffendsten findet.

Beispiel

Erzähler: «… Und dann bin ich ganz langsam bis zum Treffpunkt geupst …»

Zuhörende: «gefahren», «geschlendert», «gegangen», «geschlichen»

Erzähler: «geschlendert» finde ich am besten, «gefahren» ist falsch.

Die Übung hilft dem Erzähler, seine eigene Erzählung besser zu formulieren, ohne dass er eine Geschichte aufschreiben und in einer Schreibkonferenz überarbeiten muss.

Varianten

1. Es können natürlich auch andere Wortarten weggelassen werden: Nomen, Adjektive. Z.B. kann derjenige, der seine Geschichte erzählt, vorher sagen, welche Wortart er weglassen will.

2. Die Schwierigkeit kann gesteuert werden, indem abgesprochen wird, wie viele Wörter fehlen sollen: eines in der Geschichte, eines pro Satz, alle einer bestimmten Wortart.

Im Regen stehen lassen	Gruppe Klasse	20 Min.	ab 4. Sj.
Ziel: schwer formulierbare Zustände in Worte fassen	sich ausdrücken		A 10

Gewisse Zustände sind zwar konkret erlebbar, aber schwer in Worte zu fassen. Man bedient sich dabei oft sprachlicher Bilder, spezieller Redewendungen.

Aufgabe

- Sammelt Redewendungen, die ihr schon gehört habt und die innere Zustände umschreiben. Z.B.: *Sie hat ihn im Regen stehen lassen. – Sie ist im siebten Himmel. – Du gehst mir auf den Wecker.*

- Diskutiert, ob es sich dabei um einen positiven oder um einen negativen Zustand handelt, der umschrieben wird.

- Überlegt, in welchen Situationen diese Redewendungen gebraucht werden könnten, wann man also mit diesen Worten einen Zustand treffend beschreiben kann.

- Schreibt ein «Wörterbuch», in dem jede Redewendung so genau wie möglich erklärt wird.

Beispiel

«Wie bestellt und nicht abgeholt dastehen» → Ich bin freudig eingestellt, werde aber im Stich gelassen und komme mir lächerlich vor, wartend dazustehen, eine Mischung aus Ärger und Enttäuschung.

Wer ungewohnte Redewendungen im Alltag hört, versteht sie normalerweise leicht aus dem Zusammenhang. Isoliert wirken solche Wendungen oft befremdlich. Dies mag dazu beitragen, dass es Kindern Spaß macht, sie zu sammeln, darüber zu sprechen und auch über die Herkunft nachzudenken.

Varianten

- Überlegt euch, welche Redewendungen zur Zeit besonders von Kindern und Jugendlichen benutzt werden.

- Jugendliche erstellen für die Erwachsenen eine Liste, in der sie ihre Redewendungen erklären.

Gesprächsstörer	Partner Gruppe	20 Min.	ab 4. Sj.
Ziel: sich der Gesprächsstörer bewusst werden	Beziehungen		B 1

Die Schülerinnen und Schüler sollen aufmerksam werden auf Verhaltensweisen, die ein Gespräch erschweren, stören; die aufgeführten Gesprächsstörer werden vorgängig erläutert und diskutiert.

Aufgabe

- Wählt eine Situation für ein persönliches Gespräch, z.B. «Die anderen wollen mich nie dabei haben» / «Ich habe Angst vor der Prüfung» / «Ich werde immer gleich verlegen, wenn …»

- Bestimmt die Rollen:
  – A äußert ein Problem
  – Die anderen reagieren ausschließlich mit Gesprächsstörern.

Auswertung

- Wie habt ihr euch während des Gesprächs gefühlt?
- Welche Gesprächsstörer habt ihr als besonders blockierend erlebt?

Variante

Bei älteren Schülerinnen und Schülern oder in der Erwachsenenbildung kann eine Person Beobachtungen notieren und das Auswertungsgespräch moderieren.

Gesprächsstörer

1. *nur immer von sich reden*
2. *herunterspielen*
3. *vorschnell Ratschläge geben und Lösungen anbieten*
4. *sofort Gegenbehauptungen aufstellen*
5. *Vorwürfe machen*
6. *bewerten*
7. *warnen, drohen*
8. *Ursachen aufzeigen, Hintergründe deuten*
9. *Lebensweisheiten oder Gemeinplätze zum Besten geben*
10. *verspotten, nicht ernst nehmen, ironisieren*

Gesprächsförderer	Partner Gruppe	20 Min.	ab 4. Sj.

Ziel: sich der Gesprächsförderer bewusst werden	Beziehungen	B 2

Die Schülerinnen und Schüler sollen Möglichkeiten für förderliches Verhalten im Partnergespräch kennen und anwenden können. Die aufgeführten Gesprächsförderer werden vorgängig bekannt gemacht und diskutiert.

Aufgabe

- Wählt eine Situation für ein persönliches Gespräch, z.B. «XY schikaniert mich – was soll ich tun?» / «Mein Freund hat mich verlassen.» / «Ich habe die Prüfung nicht bestanden.»

- Rollenspiel:
  – A äußert ein Problem
  – Die anderen reagieren ausschließlich mit Gesprächsförderern.

Auswertung

- Wie habt ihr euch während des Gesprächs gefühlt?
- Welche Gesprächsförderer habt ihr als besonders anregend erlebt?

Variante

Bei älteren Schülerinnen und Schülern oder in der Erwachsenenbildung kann eine Person Beobachtungen notieren und das Auswertungsgespräch moderieren.

Gesprächsförderer

1. *Blick, Körperhaltung, Gesten zeigen aktive Anteilnahme*

2. *wiederholen, umschreiben, zusammenfassen in eigenen Worten*

3. *Gefühl ansprechen, in dem sich A in dieser Situation befindet: «Das hat dich richtig verletzt.»*

4. *klären, nachfragen, aber nicht ausfragen.*

5. *weiterführen, Denkanstoß geben ohne Vorschläge zu machen: «Mir geht dazu Folgendes durch den Kopf ...»*

Sprechgewohnheiten anderer

Ziel: auf Sprechgewohnheiten anderer achten lernen

Beziehungen   B 3

Wenn wir jemanden sprechen hören, erkennen wir meistens, wer es ist, ohne dass wir die Person sehen. Sprechende haben eine unverwechselbare Stimme und einen bestimmten Dialekt. Sie bevorzugen aber auch bestimmte Wörter und Wendungen, d.h. sie haben ihren besonderen Stil.

Aufgabe

- Erinnert euch an typische Sprechgewohnheiten eurer Clique, von Lehrpersonen, der Eltern, der Geschwister sowie von prominenten Personen (Politiker, Stars) aus Radio und Fernsehen.

- Sammelt sie und schreibt sie auf.

- Spielt sie einander vor und versucht dabei, auch den Tonfall nachzuahmen. – Finden die Zuhörenden heraus, welche Person oder Situation ihr meint?

Variante

Spiel: Ahmt eine bekannte Person nach und nehmt dies mit dem Kassettenrekorder auf. Spielt es den anderen ab: Erkennen sie, wen ihr nachgeahmt habt?

Jeder Mensch hat seinen individuellen Sprachgebrauch. Solche individuellen Ausprägungen sollen hier bewusst gemacht werden. Es wird z.B. deutlich, wer welche Ausdrücke bevorzugt verwendet.

Man kann das Sammeln auch thematisch einschränken:

- *Ausdrücke für Bewunderung*
- *Formen der Kritik und der Rüge*
- *Begrüßungsformen*
- *Einleitung zu Schulstunden*
- *Reaktionen auf Frust*

Eigene Sprechgewohnheiten

Ziel: auf die eigenen Sprechgewohnheiten aufmerksam werden   Beziehungen   B 4

Es kann reizvoll sein, sich sein persönliches Gesprächsverhalten bewusst zu machen. Am besten gelingt dies mit Hilfe einer Partnerin oder eines Partners.

Aufgabe

- Zeichnet ein Partner- oder Gruppengespräch, bei dem ihr beteiligt seid, mit Video oder Tonband auf.

- Wertet allein oder zusammen die Situation nach folgenden Leitfragen aus:
    - Findet ihr Wörter und Wendungen, die für euch typisch sind?
    - Auf welche Weise bringt ihr euch ins Gespräch ein?
    - Welchen Anteil habt ihr am Gespräch? (Länge der Beiträge)
    - Bringt ihr originelle Gedanken ins Gespräch ein?
    - Nehmt ihr auf andere Bezug? Bleibt ihr beim Thema?
    - Gebt ihr das Gespräch an andere weiter, ohne dass sie sich dafür wehren müssen?
    - Welches sind eure stimmlichen Merkmale?

Auswertung

- Überlegt euch, welche Sprechgewohnheiten euch gefallen. Welche wollt ihr pflegen, welche verändern?

- Erprobt neue Verhaltensweisen beim Sprechen!

Diese Untersuchung darf keinesfalls vorschnell mit Wertungen verbunden werden. Sie soll dazu veranlassen, dass wir uns über Kriterien für gelungene Kommunikation Gedanken machen. Die Fragen lauten dann z.B.:

- *Wie kann ich meine Gedanken so klar in Worte fassen, dass ich leicht verstanden werde?*

- *Wie wirkt meine Stimme auf die Zuhörenden?*

- *Warum hört man mir wohl gerne oder nur ungern zu?*

- *Wie bringe ich mich ein?*

Wie Worte wirken	Gruppe Klasse	30 Min.	ab 3. Sj.
Ziel: sich über die Wirkung des Gesagten Gedanken machen	Beziehungen		B 5

Manchmal lassen wir Bemerkungen fallen, über deren Wirkung wir nicht nachdenken. Besonders wenn wir aufgebracht sind, kommt es leicht zu Bemerkungen, durch die sich andere verletzt fühlen können.

Aufgabe

Überlegt bei den folgenden Bemerkungen, was die angesprochenen Personen dabei empfinden und was sie sagen könnten.

- Die Lehrperson sagt: «Natürlich wieder Dani …»

- Ein Auto- oder Radfahrer muss unvermittelt bremsen, weil jemand die Fahrbahn kreuzt. Er schimpft: «Hast du keine Augen im Kopf, du Trottel?»

- Beim Sport werden Mannschaften gebildet. Einer sagt: «Dich wollen wir nicht, du Pfeife.»

Spielt die vorgeschlagenen oder eigene Szenen nach und erprobt verschiedene Formulierungen. Diskutiert die Wirkung und sucht freundlichere Worte.

Wer missgelaunt ist oder sich ärgert, lässt sich leicht zu Bemerkungen hinreißen, die andere als verletzend empfinden können. Besonders jüngere Kinder fühlen sich schnell gemaßregelt und erkennen nicht, dass sie für gewisse Äußerungen keine Verantwortung übernehmen müssen.

Kinder sollen unterscheiden lernen, wo sie Verantwortung übernehmen müssen und wo sie sich sagen können: «Das ist gar nicht mein, sondern sein Problem!»

Rückkoppeln

	Partner Gruppe	30 Min.	ab 6. Sj.

Ziel: Anteilnahme signalisieren | Beziehungen | B 6

Wir lachen über dass Witzchen, bei dem die Frau den Mann fragt: «Schmeckt dir, was ich gekocht habe?» und der Mann antwortet: «Wenn's mir nicht schmeckte, würdest du es schon erfahren.»

So wie die Frau, die sich Mühe gegeben hat, etwas Schmackhaftes zu kochen, auf ein Lob, eine Bestätigung angewiesen ist, sollte der Sprecher Bestätigung erfahren. Das heißt nicht, dass man ihm zustimmen muss, aber man muss seinen Beitrag ernst nehmen. Dies kann durchaus auch in Form des Widersprechens geschehen.

Aufgaben

- Beobachtet Gesprächssituationen (z.B. am Fernsehen) und achtet darauf, durch welche Signale der Anteilnahme von Seiten der Zuhörenden die Sprechenden erfahren, dass ihnen zugehört wird und dass ihre Gedanken ernst genommen werden.

- Beobachtet ein Partner- oder Gruppengespräch und notiert, wie solche Rückkoppelung geschieht: durch Körpersignale, nonverbale und verbale Äußerungen.

- Beobachtet Streitgespräche: Gibt es Äußerungen und Signale, die den Gegner zu verunsichern und abzuwerten versuchen?
  - Ausdrücke
  - Gestik, Mimik
  - Tonfall

Schlimmer als Kritik ist Nichtbeachtung. Redende, die kein Echo erhalten, stehen im «luftleeren Raum». Wir können oft beobachten, wie Redende den Blickkontakt zu jenen Zuhörenden suchen, die ihrerseits zu ihnen hinsehen.

In langjährigen eingespielten Partnerschaften scheint das Einander-ernst-Nehmen besonders schwierig zu werden – wir wissen ja aus Erfahrung, was der andere sagen und wie er verstanden werden will. Darum besteht hier die Gefahr, dass Rückkoppelung vernachlässigt wird.

Verbindendes	Gruppe Klasse	30 Min.	ab 1. Sj.
Ziel: entdecken, was mich mit anderen verbindet	Beziehungen		B 7

Es ist für die Befindlichkeit innerhalb einer Gruppe wichtig, Verbindendes zu entdecken.

Aufgaben

- Notiert auf je einem Zettel
  - die Lieblingsbeschäftigung
  - die Lieblingsspeisen
  - verschiedene Lieblingsorte
  - das Lieblingstier
  - das Lieblingsspiel(zeug) ...

- Die Zettel werden vorgelesen und nach Ähnlichkeit gruppiert.

- Trefft euch mit den «Gleichgesinnten» und sprecht über euer gemeinsames Interesse. Gestaltet ein Produkt (z.B. ein Bild) über das Thema, das euch verbindet. Am Schluss kann es den anderen Gruppen gezeigt werden: Sie sollen erraten, was der Gruppe gemeinsam ist.

- Oder stellt euer gemeinsames Thema vor
  - als Pantomime
  - Scharade
  - als Sketsch
  - als Theater
  - ...

Oft wissen Schülerinnen und Schüler derselben Klasse nicht, dass andere gleiche oder ähnliche Interessen haben. Spielformen können dies sichtbar machen und einen Austausch in Gang bringen.

Variante

Wählt einen persönlichen Gegenstand und legt diesen vor euch hin. Dann zieht ihr den rechten Schuh aus und legt ihn so nahe zum Gegenstand einer Partnerin oder eines Partners, wie ihr denkt, dass ihr in den Interessen übereinstimmt. Im Anschluss gibt es fünf Minuten Zeit für Gespräche, bevor ihr eine neue Runde spielen könnt.

Mit dir möchte ich ...

Ziel: neue positive Begegnungsmöglichkeiten schaffen

Beziehungen   B 8

Die Übung soll Gelegenheit bieten, neue Gemeinsamkeiten zu entdecken und zu positiven Interaktionen anzuregen.

Aufgabe

- Überlegt euch Tätigkeiten, die ihr mit anderen aus der Gruppe gerne ausüben würdet. Als Regel gilt: Es sollen nur Vorschläge gemacht werden, die für beide vergnüglich oder nützlich sind.

- Jetzt wird ein Aktivitätenpartner gesucht und ihm mitgeteilt: «Mit dir möchte ich ...» Man darf versuchen, für die vorgesehene Tätigkeit zu werben, indem man deren Vorzüge herausstreicht.

- Der Angesprochene hat die Wahl, die gemeinsame Aktivität anzunehmen oder sich Bedenkzeit zu erbitten.

Varianten

- Es kann mit fest zugeordneten Partnern gespielt werden oder es wird der erste Partner zugelost; nachher ist der Markt offen.

- Es wird ein schriftlicher Markt mit Tätigkeitsangeboten eröffnet, aus dem sich jeder eines auswählen kann.

Das Heikle an der Übung ist die freie Wahl der Gesprächspartner. Es muss darauf geachtet werden, dass jedes Kind von jemandem ein Angebot erhält.

Für die Lehrperson ergibt sich die Möglichkeit, die Beziehungen in der Klasse zu beobachten.

Auswertung

Wer will, kann im Anschluss an eine Angebotsrunde sagen, über welches Angebot für eine gemeinsame Unternehmung er sich besonders gefreut hat.

Anschluss finden	Partner Gruppe	20 Min.	ab 4. Sj.
Ziel: Annäherung an eine Gruppe erproben	Beziehungen		B 9

Es ist oft schwierig, den Kontakt zu einer bestehenden Gruppe zu finden. Diese ist von sich aus wenig bereit, Neuankömmlinge zur Teilnahme einzuladen. Bei der folgenden Übung soll darum herausgefunden werden, wie man bei einer abweisenden Gruppe Anschluss finden kann.

Aufgabe

- Diskutiert darüber, wie ihr in einer Gruppe Anschluss finden könnt.
- Erprobt in der nächsten Zeit einige Möglichkeiten, z.B.
  - Setzt euch zur Gruppe und beginnt erst nach einiger Zeit mitzureden.
  - Begrüßt die Gruppe: «Hallo!» und redet mit, sobald ihr im Thema seid.
  - Setzt euch zur Gruppe und bringt ein eigenes Thema ein.
- Erprobt in der nächsten Zeit verschiedene Formen des Anschlusses in unterschiedlichen Situationen, indem ihr euch zu Gruppen begebt, die
  - zusammen arbeiten
  - zusammen diskutieren
  - zusammen spielen.
- Berichtet später von euren Erfahrungen.

Das Bedürfnis der Gruppe ist es in der Regel, ein angeregtes Gespräch ohne Störung fortsetzen zu können. Wenn schon eine Störung stattfindet, gelten ähnliche Regeln wie bei Einzelpersonen:

- *Anfragen stimmen günstiger als wortloses Eindringen.*
- *Komplimente (... bei euch ist's lustig ...) wirken als Türöffner.*
- *Zu sehr von sich berichten (mir ist langweilig ...) stößt kaum auf Interesse, solange der Neue kein Gruppenmitglied ist.*

Abschied nehmen

Für den Abschied braucht es Rituale und einen gut gewählten Zeitpunkt. Die folgenden Vorschläge müssen immer der Situation angepasst werden.

Aufgabe

Überlegt euch, was ihr dem Mitschüler, der Mitschülerin mit auf den Weg geben möchtet. Dies kann ein Wunsch sein, die Erinnerung an ein gutes Erlebnis, ein kleines Geschenk: «Ich wünsche dir, dass ...» «Ich fand dich meistens ...» «Was ich dir noch sagen will, ist ....» Bereitet euer Abschiedsgeschenk vor.

Am Tage des Abschiedes findet ein kleines Ritual statt:

- Es werden Abschiedswünsche spontan ausgesprochen, schriftlich überreicht oder in einer Runde erfragt.
- Es werden (Wort)-Abschiedsgeschenke überreicht oder vorgetragen.
- Dies kann mit einem Abschiedsritual verbunden werden:
  - Gefaltete Schiffchen mit den Wünschen auf einem Bach davonschwimmen lassen
  - Papierflieger aus dem Schulzimmer segeln lassen
  - Wunschzettel an davonfliegende Ballone hängen
- Die Texte und Wünsche werden an einem besonderen Ort oder bei Kerzenlicht vorgebracht.

Arbeitsbeziehungen wie jene unter Schülern in der Schule haben einen Anfang und ein Ende. Mit der Übung soll erreicht werden, dass das Abschiednehmen (z.B. beim Übertritt in die Oberstufe, beim Umzug eines Kindes usw.) bewusst gestaltet wird.

Übermitteln	Gruppe	45 Min.	ab 1. Sj.
Ziel: Veränderungen der Wirklichkeit beim Übermitteln erleben	checkst du's?		C 1

Bei dieser Übung wird deutlich, dass man nicht die Wirklichkeit übermitteln kann: Schon die Wahrnehmung ist selektiv, und bei der Formulierung wird das Wahrgenommene nochmals auf ausgewählte Elemente reduziert.

Als Vorbereitung haben sich alle eine Geschichte zurechtgelegt. Am besten stellt man Bildergeschichten zur Verfügung, achtet aber darauf, dass alle eine andere erhalten.

Aufgabe

- Bildet Erzählkreise zu 6 bis 8 Personen.
- Der Erste erzählt seine Geschichte dem Zweiten flüsternd ins Ohr, dieser dem Dritten usw.
- Der Letzte erzählt die Geschichte so, wie er sie verstanden hat.
- Jetzt wird sie mit der Ausgangsgeschichte (evtl. der Bildergeschichte) verglichen.

Auswertung

- Wodurch entstehen Abweichungen?
- Was ist nützlich, wenn man die Verständigung verbessern will?

Erzählen will gelernt sein: Es geht zunächst darum, den Kern der Sache zu erfassen. Man kann sich darum am Schluss fragen, ob das Wichtigste der Geschichte dargestellt worden sei.

Bei der Auswertung ist es müßig, zu untersuchen, wer was «falsch» gemacht hat. Dagegen macht es Sinn, darüber zu diskutieren, welches die Bedingungen für eine optimale Verständigung sind.

Bilder vermitteln	Gruppe Klasse	30 Min.	ab 4. Sj.
Ziel: Veränderungen der Wirklichkeit beim Übermitteln erleben	checkst du's?		C 2

Die Klasse wird in drei Gruppen aufgeteilt. Während Gruppen 2 und 3 sich außerhalb des Raumes befinden, wird Gruppe 1 ein Bild gezeigt.

Aufgabe

- Gruppe 1:
  Betrachtet das Bild genau. Ihr müsst es anschließend der nächsten Gruppe möglichst exakt beschreiben.

Nachdem das Bild verdeckt worden ist, kommt Gruppe 2 in den Raum.

- Gruppe 1:
  Beschreibt dieser Gruppe das Bild möglichst genau.
- Dann kommt Gruppe 3, und Gruppe 2 beschreibt das Bild.
- Auftrag an die letzte Gruppe nach der Beschreibung:
  Skizziert das vermittelte Bild.

Im Anschluss wird das Ergebnis mit dem Originalbild verglichen.

Auswertung

Die Klasse diskutiert z.B. die folgenden Fragen:
- Was ist im Verlauf der Beschreibungen weggefallen? Wieso wohl?
- Welche Informationen haben die Aufgabe für die Zuhörenden / für die Beschreibenden erleichtert, welche haben sie erschwert?
- Wie können die Beschreibenden sicherstellen, dass sie so verstanden worden sind, wie sie gerne möchten?

Bei der Auswertung können z.B. Thesen folgender Art aufgestellt werden:

- *Es ist einfacher, wenn ein Einzelner einen Sachverhalt erläutert, als wenn die ganze Gruppe darüber spricht.*

- *Eine Information ist leichter zu verstehen, wenn sie nach einer vorbereiteten Ordnung vermittelt wird.*

- *Wir dürfen nicht denken, dass ein Bild, das wir in Worten vermitteln, bei den Zuhörenden anschließend genau gleich vorhanden ist.*

Variante

Es stehen mehrere ähnliche Bilder zur Verfügung. Die letzte Gruppe muss das Originalbild auswählen und die Auswahl begründen.

Anweisung befolgen

Ziel: präzises und konzentriertes Zuhören schulen

checkst du's?　C 3

Es wird eine mündlich oder schriftlich gestellte Aufgabe ausgeführt.

Aufgabe: Beispiel: Fingerstricken eines Stirnbandes mit Wolle

- Wickle den Anfang eines Wollknäuels um den Daumen der linken Hand.
- Führe den Wollfaden über die Rückseite der Finger einmal um jeden Finger herum: Zeigfinger, Mittelfinger, Ringfinger, Kleinfinger und von dort über die Handfläche.
- Lass den Knäuel zwischen Daumen und Zeigfinger nach hinten zu Boden fallen.
- Ziehe am Ansatz des Zeigfingers auf der Handinnenseite den zuerst gelegten Faden über den zweiten hinweg über den ganzen Finger nach hinten (mit dem Finger hinausschlüpfen). Dann kommt der Mittelfinger usw.
- Jetzt wird der Faden erneut vom Kleinfinger aus über die Handfläche gelegt und die Aufgabe beginnt von neuem.
- Strickt mindestens 30 Touren und zieht das Ende des Fadens durch die vier letzten Maschen, bevor ihr ihn verknotet.

Auswertung

Wem gelingt es, die Aufgabe (auf Anhieb) zu lösen?

Die Aufgabe muss stufenbezogen ausgewählt werden. In der Regel eignen sich Bastel- oder Spielanleitungen.

Varianten

Aufgabe weitergeben:

- In einer Gruppe wird dem ersten eine Aufgabe eingeflüstert, die den Mitgliedern nacheinander weitergeflüstert wird. Das letzte Mitglied führt sie aus.
- Eine Aufgabe wird dem ersten zum Lesen gegeben, danach führt er sie aus. Die anderen notieren die Aufgabe auf Grund ihrer Beobachtungen. Am Schluss wird mit dem Original verglichen.

Genau zuhören	Partner Gruppe	30 Min.	ab 3. Sj.
Ziel: Genaues und konzentriertes Zuhören schulen	checkst du's?		C 4

Die Aufgabe soll dazu beitragen, dass man auch auf Einzelheiten Acht gibt.

In Partnerarbeit oder in Kleingruppen bereitet jedes Kind eine Geschichte (2 bis 3 Minuten) vor. Sie kann erlebt oder frei erfunden sein. Es ist auch möglich, das Thema gemeinsam abzusprechen, z.B.
– Wie ich heute Morgen aufgestanden bin.
– Ein Erlebnis aus dem letzten Urlaub.

Zur Vorbereitung gehört, dass man sich für einen zweiten Erzähldurchgang drei Dinge überlegt, die man weglassen wird.

Aufgabe

- Erzählt eure Geschichte zweimal, zuerst vollständig, dann mit den weggelassenen Teilen.
- Die Zuhörenden notieren sich, was beim zweiten Mal weggelassen worden ist.

Auswertung

Wann ist es besonders schwierig herauszufinden, was weggelassen wurde?

Variante

Anstatt Teile wegzulassen, werden neue hinzugefügt.

Die Erfahrung zeigt, dass es günstig ist, wenn die Geschichten vorbereitet werden. Haben die Kinder erst einmal Erfahrung mit dieser Aufgabe, können sie ihre Geschichte zu Hause vorbereiten, sowohl im Original wie auch mit der Weglassung oder der Veränderung.

Nachfragen	Gruppe Klasse	20 Min.	ab 4. Sj.
Ziel: auf Gesprächspartner mit Nachfragen eingehen lernen	checkst du's?		C 5

Die Übung soll einen dazu anregen, sich auf einen Gesprächsbeitrag einzulassen. Dazu werden möglichst Fragen gestellt, die zum Weitererzählen beflügeln.

Aufgaben

- In einer Gesprächsrunde bringt A einen Beitrag. Dabei überlegen sich alle Teilnehmenden, was sie dazu weiter interessiert, und sie fragen entsprechend nach. Wenn alle Fragen beantwortet sind, geht die Runde mit einem Beitrag von B weiter.

- In einer Gesprächsrunde bringt A einen Beitrag. In der ersten Reaktion müssen die anderen dazu eine Frage stellen. Wer dies getan hat, ist an keine Regel mehr gebunden und darf in einem weiteren Votum auch ein neues Thema anschneiden.

- Die Fragen, die ein Beitrag auslöst, werden notiert und dann reihum vorgelesen. Derjenige der den Beitrag gebracht hat, entscheidet, welche Frage ihn besonders zu weiterem Erzählen anregen würde.

- Jedes Gruppenmitglied bringt der Reihe nach einen Beitrag. Zu jedem notieren die Zuhörenden eine Frage.

Auswertung

Unter welchen Umständen fällt einem das Nachfragen besonders leicht oder schwer?

Viele Menschen finden es attraktiver, von sich zu erzählen, als etwas von anderen zu vernehmen. Oft entbrennt ein eigentlicher Kampf ums Rederecht, und man ist darauf erpicht, möglichst attraktive und bewunderungswürdige Dinge mitteilen zu können. Solche als Wettkampf erlebte Gespräche befriedigen in der Regel kaum jemanden.

Klar?	Partner	20 Min.	ab 5. Sj.
Ziel: Verständnis eines Sachverhalts oder einer Meinung klären	checkst du's?		C 6

Viele Menschen scheuen es, Gespräche bis zur völligen Klärung zu führen. Denn *Verständigung* ist leichter, je offener und vieldeutiger eine Situation gelassen wird. *Verstehen* ist nach dieser Auffassung das Gefühl, der / die andere empfinde in einer bestimmten Situation genau gleich. So gesehen kann man sagen: Je unpräziser die Sprache, desto einfacher die Verständigung.

Aufgabe

Führt ein Gespräch zu einem Thema so lange, bis beiden eindeutig klar ist, wie der andere die Situation sieht.

Themenvorschläge:

- Beide planen eine gemeinsame Aktion, z.B. eine Radtour.
- Diskutiert eine kontroverse Frage, z.B. «Darf man in der Not lügen?»

Auswertung

- Woran kann man merken, dass man einander nicht oder noch nicht ganz verstanden hat?
- Was kann man tun, um sicherzustellen, dass beide wirklich vom Gleichen sprechen, dass wir uns genau verstehen?

«Verstehen» ist ein missverständlicher(!) Begriff, denn häufig meint man zu früh, genau zu wissen, was der andere meint. Das kann ein Irrtum sein.

Verstehen ist eine individuelle Leistung, die Fähigkeit, einen Sachverhalt störungsfrei in sein Weltbild einzubauen. Diese Sicht erklärt, wieso jüngere Kinder mit einem noch wenig differenzierten Weltbild so leicht «verstehen».

Demnach wäre die Lehrerfrage «Habt ihr es alle verstanden?» oder «Hat noch jemand eine Frage?» ziemlich unnütz!

Sich dumm stellen	Partner Gruppe	30 Min.	ab 6. Sj.
Ziel: Technik kennen, um Verständnisschwierigkeiten zu signalisieren	checkst du's?		C 7

Wer sich dumm stellt, übernimmt quasi die Verantwortung für das Nichtverstehen und veranlasst so den anderen, sich besser verständlich zu machen.

Aufgabe

- Erkläre den Zuhörenden,
  - wie ein Apparat funktioniert,
  - wie du dein Lieblingsgericht zubereitest,
  - wie du etwas bastelst,
  - wie du ein Unternehmen (etwa eine Radtour) planst.

- Die Zuhörenden versuchen sich das Mitgeteilte genau vorzustellen. Wenn etwas nicht ganz klar ist, stellen sie sich «begriffsstutzig» und fragen nach:
  - Wie funktioniert das genau?
  - Ich war bisher der Meinung, dazu brauche man ...?
  - Ich verstehe die Reihenfolge nicht ...

Auswertung

Wie ist es für den Erklärenden, wenn ihm gesagt wird, dass er nicht verstanden worden ist oder wenn er durch Nachfragen unterbrochen wird?

Viele Menschen scheuen sich, zu fragen, wenn sie etwas nicht verstehen. Sie befürchten vielleicht, als dumm angesehen zu werden. Es zeugt aber von Selbstsicherheit und Autonomie, wenn man fähig ist zu unterbrechen:

- *Wie ist das jetzt genau zu verstehen?*
- *Bitte erkläre doch das noch einmal!*
- *Diesem Gedanken kann ich nicht folgen.*
- *Wie kommst du darauf?*
- *usw.*

Versteht ihr mich?

Ziel: Lernen, wie man Missverständnisse vermeiden kann

Als Sprechender kann man sich durch Rückfragen laufend vergewissern, ob die Zuhörenden verstehen, was gemeint ist. Die Fragen müssen offen sein, d.h., sie dürfen nicht mit *ja* oder *nein* beantwortet werden können, wie dies bei Floskeln wie ... *nicht? ... oder?* der Fall ist. Mögliche Frage: *Wie denkst du darüber?*

Aufgaben (Auswahl)

- Beobachtet Gespräche (z.B. eine Unterrichtsstunde oder eine Gesprächsrunde im Fernsehen) und achtet darauf, was Rednerinnen und Redner (besonders bei längeren Redebeiträgen) unternehmen, um das Verständnis sicherzustellen.

- Führt in Partnerarbeit oder in Gruppen ein Gespräch (erläutert jemandem einen Sachverhalt) und achtet als Sprechende darauf, dass laufend Verständnissicherungen eingebaut werden.

Auswertung

Wie stellen Sprechende sicher, dass sie verstanden worden sind? Durch

- Fragen
- Redundanz (Wiederholung und Zusammenfassung)
- nonverbale Signale wie Blickkontakt
- Floskeln («oder?» «nicht wahr?» «wie jedermann weiß» «bekanntlich» Dies sind jedoch lediglich Scheinsicherungen.)

Bei Missverständnissen ist es oft müßig, zu untersuchen, ob der Sender oder der Empfänger einer Botschaft die Verantwortung trägt. Oft kennen die Gesprächspartner die Denkwege des andern nicht, sie sind sich zu wenig vertraut.

Bei Kindern und Jugendlichen ist die Frage: «Habt ihr es verstanden?» meistens untauglich, wenn Verständnisprobleme geklärt werden sollen.

Zum Besten geben

Ziel: wirksames Sprechen üben

Welchen Ansprüchen sollte ein Gesprächsbeitrag genügen? Was macht ihn wirkungsvoll, spannend?

Aufgabe

- Bereitet einen kurzen Beitrag vor, in dem ihr etwas zum Besten gebt:
  - eine kleine Erlebnisschilderung
  - eine spannende Geschichte, die ihr gehört oder gelesen habt
  - einen Witz
- Gebt euren Beitrag in der Gruppe zum Besten.

Auswertung

- Die Gruppe sagt,
  - was das Zuhören erleichtert und angenehm gemacht hat,
  - wie die Aufteilung der Gedanken in Sätze gewirkt hat und
  - welche Verhaltensweisen das Zuhören noch erleichtern könnten.
- Formuliert in der Art von Wilhelm Busch ein Merkmal eines guten Redebeitrags.

Variante

Referate beurteilen:
Im Verlauf einer Unterrichtsperiode werden Referate gehalten, z.B. Lieblingsbücher vorgestellt. Im Anschluss diskutiert die Klasse jeweils, wie ein Beitrag angekommen ist.

Wilhelm Busch formuliert einfach: «Man sage kurz und angenehm, was erstens, zweitens und drittens käm.»

Damit sind die wichtigsten Merkmale wirkungsvoller Redebeiträge benannt:

- *Kürze, Prägnanz*
- *Attraktivität*
- *gedankliche Ordnung, Gliederung*

Sprechen am Telefon

Ziel: Regeln beim Telefonieren kennen lernen

Für viele Kinder ist Telefonieren etwas Alltägliches. Dennoch ist es wichtig, dass sie sich über einen geordneten Verlauf eines Telefongesprächs Gedanken machen.

Aufgaben

- Spielt ein Telefongespräch und beschreibt, was dabei der Reihe nach abläuft.
  - Das Telefon klingelt.
  - Frau Mayer nimmt ab und meldet sich mit dem Namen. usw.
- Spielt ein neues Telefongespräch und haltet alle Schritte genau nach der Vorlage ein.
  Tipp: Ihr könnt das Gespräch auf Tonband aufnehmen und dann den Verlauf überprüfen.

Auswertung

- Überprüft, ob alle Teile des Telefongesprächs vorhanden sind.
- Beschreibt, was bei einem Gespräch mit dem Anrufbeantworter anders sein muss.

Variante

Sprecht euer Anliegen auf den Anrufbeantworter.

Beispiel

Hier Mayer. – Guten Tag Frau Mayer, hier ist Sacha. Ist Paul hier? – Grüß dich, Sacha. Nein, Paul ist noch im Sporttraining. – Können Sie ihm sagen, er soll mich anrufen? – Ja, ich werde es ihm ausrichten. – Danke, auf Wiederhören Frau Mayer. – Tschüss Sacha.

Aufgaben

- *Der Lehrerin mitteilen, man könne den Unterricht nicht besuchen*
- *Einen Arzttermin verschieben*
- *Bei der Dienstnummer eine Auskunft erbitten*
- *Der Polizei einen Unfall melden*
- *Einen Ausflug vereinbaren*

Selber	Einzeln	20 Min.	ab 3. Sj.
Ziel: Durchsetzungsstrategien studieren	sich durchsetzen		D 1

«Das will ich selber tun / Das will ich haben ...» – Schon kleine Kinder versuchen ihren Willen durchzusetzen, als Baby vielleicht mit Schreien und Stampfen, später mit Argumenten.

Aufgaben

- Beobachte, wie kleine Kinder ihren Willen auszudrücken und durchzusetzen versuchen.
- Sammle und notiere Argumentationen von kleinen Kindern; überlege, wie du selber besser argumentieren würdest.
- Nimm an, du möchtest etwas selbst entscheiden, z.B.
  – wie du in der Gruppenarbeit vorgehen willst,
  – wie du deinen Arbeitsplatz gestalten willst oder
  – wie du dein Zimmer einrichten willst.
  Schreibe auf, was du von anderen erreichen möchtest, und suche überzeugende Argumente dafür.

Auswertung

Was hast du seit deiner Babyzeit dazugelernt?

Argumentieren ist eine wichtige Grundlage jeder demokratischen Gesellschaft. Es steht im Gegensatz zur Durchsetzung des Rechts des physisch Stärkeren. Wer argumentiert, anerkennt, dass die besseren Gründe den Ausschlag für einen Entscheid bilden sollen. Darum ist es ein wichtiges Ziel, dass Kinder spätestens in der Schule lernen, ihre Bedürfnisse oder Ansichten mit vernünftigen und begründenden Worten durchzusetzen, anstatt mit Schreien, Trotzen oder mit physischer Stärke.

Nein!

| | Partner | 10 Min. | ab 1. Sj. |

Ziel: *Nein* sagen lernen, sich wehren können | sich durchsetzen | D 2

Kann man sich mit einem einzigen Wort durchsetzen und dennoch auf den anderen eingehen? – Eine wichtige Übung für Menschen, die nicht «Nein» sagen können.

Aufgabe

- Stellt euch einander gegenüber auf und schaut euch zunächst nur an.
- Dann beginnt einer «Nein» zu sagen. Der andere wehrt sich, indem er ebenfalls «Nein» sagt usw. Man sagt nichts anderes.
- Versucht mit eurer Art des «Nein» dem Partner zu antworten. Vermeidet aber immer, dass beide zu gleicher Zeit «Nein» sagen. Die Art des Nein-Sagens kann beliebig verändert werden.

Auswertung

- Welche Gefühle hat die Situation ausgelöst?
- Welche Art des Nein-Sagens hat dem anderen am meisten Eindruck gemacht?
- Wer hat jeweils «den Ton angegeben», also eine Veränderung eingeführt, die der andere übernommen hat?
- Wer hat sich letztlich durchgesetzt, und wie war dies für den anderen?

Die Übung kann im Rahmen eines Selbstsicherheitstrainings gemacht werden. Man lernt dabei, seine Hemmungen zu überwinden. Die Partner sollten etwa gleichermaßen durchsetzungsfähig sein.

Variante

Die Übung kann auch mit einer beobachtenden Person durchgeführt werden. Deren Aufgabe ist es, für die Einhaltung der strengen Regel zu sorgen und die Auswertung des Gesprächs durch eigene Beobachtungen zu ergänzen. Sie sagt insbesondere auch, wie sie die Führung und den Gesprächsverlauf wahrgenommen hat.

Wichtig tun

Ziel: sich nicht bluffen lassen | sich durchsetzen | D 3

«Beim Fußballspielen macht mir keiner was vor.»
Wer angibt, hat es nötig, weil sein Selbstwertgefühl so schwach ist, dass er es immer wieder aufpolieren muss.
Wie geht man mit Kommunikationssituationen um, in denen andere zeigen möchten, wie gut sie sind?

Aufgabe

Erprobt in spielerischer Art unterschiedliche Verhaltensweisen und diskutiert die jeweilige Wirkung (zum obigen Beispiel):

- Angriff: «Du triffst ja nicht einmal das Tor, dreimal hast du danebengeknallt.»

- Übertrumpfen: «Dir nehme ich den Ball alleweil ab.»

- Ins Lächerliche ziehen: «Ausgerechnet du mit deinen X-Beinen.»

- Bewundern: «Ja, da bist du wirklich Spitze.»

- Gleichziehen: «Im Fußballspielen bin ich auch nicht schlecht.»

- – – – (Nichts sagen, Thema wechseln)

Auswertung

Diskutiert die verschiedenen Möglichkeiten.

Wer eine Stärke immer hervorheben muss, besitzt sie in der Regel gerade nicht, sein Selbstwertgefühl ist angeschlagen.

Wieso aber lassen wir uns immer wieder zu einem Wettstreit verleiten: «Ich bin besser als du!»? Als Alternative kommt nur in Frage, darauf zu verzichten, das gefährdete Selbstwertgefühl des anderen noch mehr in Frage zu stellen.

Beraten und entscheiden

Ziel: begründet entscheiden lernen

So oft wie möglich sollten Lehrpersonen die Entscheidungen mit den Schülerinnen und Schülern besprechen oder sie ihnen überlassen. Das bedingt, dass sie selber bereit sind, die getroffenen Entscheidungen zu akzeptieren.

Aufgabe

- Diskutiert, welche Entscheidungen durch die Schulordnung vorgegeben sind, welche die Lehrperson zu treffen hat, welche der Klasse zustehen sollen und welche jede Schülerin und jeder Schüler selber treffen können soll.

- Wählt ein Anliegen eurer Klasse aus und diskutiert es, z.B.
  - Wie soll das Schulzimmer eingerichtet werden?
  - In welchen Situationen soll man den Arbeitsplatz / das Schulzimmer verlassen dürfen?
  - Welche Strafen sind bei Regelverletzungen angemessen?

Auswertung

- Wie kommen Entscheidungen zustande?
- Welche Gründe vermögen am besten zu überzeugen?

Wer Entscheide fällen kann, besitzt Macht. Lehrpersonen, die alles vorschreiben, üben Macht aus – vielleicht, weil ihnen die Klassenführung dadurch leichter fällt.

Erziehung zur Mündigkeit, zu Selbst- und Mitverantwortung, zu einer demokratischen Grundhaltung ist aber nur möglich, wenn man begründen und entscheiden lernt. Darum entspricht es einer Grundforderung demokratischer Schulen, Kinder und Jugendliche in Entscheidungen einzubinden.

Aktion planen	Gruppe Klasse	45 Min.	ab 3. Sj.
Ziel: Entscheidungsabläufe kennen lernen	sich durchsetzen		D 5

Wer eine Aktion plant und sich für einen Vorschlag entscheiden muss, befolgt am besten einen bestimmten Ablauf. Sonst besteht die Gefahr, dass man beim ersten Gedanken oder Vorschlag hängen bleibt.

Aufgabe (Beispiel: Planung einer Schulreise)

- Gruppe: Erzählt einander von Ausflügen, die euch besonders gut gefallen haben.
- Sammelt Ideen, wohin eure Schulreise gehen könnte. Schreibt alle Möglichkeiten in Stichwörtern auf.
- Schließt jene aus, die am wenigsten Befürworter finden. Es sollten drei bis fünf Vorschläge übrig bleiben. Diese schreibt ihr auf ein Plakat.
- Klasse: Stellt einander die Gruppenvorschläge vor und beratet sie anschließend. Wiederum sollen Vorschläge, die zu wenig Unterstützung finden, gestrichen werden.
- Diskutiert die verbleibenden Vorschläge. Sucht zu jedem die Vorzüge und Nachteile und stimmt am Ende ab.

Auswertung

- Hatten alle eine Chance, ihre Ideen einzubringen?
- Wer konnte sich durchsetzen? Mit welchen Gründen?

Wichtig ist, dass bei gemeinsamen Aktionen alle ihre Vorstellungen zunächst einbringen können. Die Lehrperson animiert die Zurückhaltenderen und bremst solche, die sich durchsetzen wollen.

Beispiele anderer Aktionen für Schulklassen:

- *einen Spiel- oder Sportnachmittag organisieren*
- *den letzten Schultag gestalten*
- *Geburtstagsfeste feiern*

Umstimmen	Einzeln Gruppe	30 Min.	ab 5. Sj.
Ziel: Möglichkeiten der Beeinflussung erproben	sich durchsetzen		D 6

Es soll erprobt werden, wie es gelingen kann, die Stimmung anderer Gesprächsteilnehmer positiv zu beeinflussen.

Aufgaben

- Beobachtet Gesprächssituationen mit unzufriedenen, mürrischen Menschen; dazu eignen sich besonders Theater- und Filmszenen. Wie wirkt sich die Stimmung auf die Gespräche aus?

- Spielt ein kleines Rollenspiel. Beispiel:
  Ein junges Paar möchte heiraten und eine Familie gründen. Der Vater gibt sich als Griesgram. – Erprobt unterschiedliche Strategien, um ihn für eure Heirat zu gewinnen.

- Was kann getan werden, um die Stimmung positiv zu beeinflussen? Erprobt verschiedene Möglichkeiten, z.B.
  – Fröhlichkeit (kann ansteckend wirken)
  – etwas zuliebe tun, Kompliment machen
  – Verständnis für eine betrübliche Situation signalisieren.
  – ernst nehmen und um Rat fragen

Auswertung

Versucht Regeln für derartige Situationen zu formulieren.

«Es kann der Frömmste nicht im Frieden leben, wenn es dem bösen Nachbarn nicht gefällt» heißt es bei Schiller. Viele denken, dies gelte auch für die Kommunikation: Wer mit einem negativ eingestellten Menschen oder einem Griesgram reden müsse, habe keine Chance, die Kommunikationssituation befriedigend zu gestalten.

Wir sind der Meinung, dass sich ein Versuch immer lohnt. Oft muss man dazu aber erst einmal sich selber positiv einstimmen.

Das freut ihn. Das freut sie.

Ziel: erkennen, was andere besonders freut

sich durchsetzen   D 7

Wer die besonderen Wertvorstellungen anderer kennt, kann sich darauf einstellen. Ist einer Frau ihre Leistungsfähigkeit wichtig, reagiert sie besonders dankbar auf eine Anerkennung der Leistungen; legt ein Mann auf sein Äußeres Wert, reagiert er auf eine Bemerkung über das beeindruckende Äußere; ist jemandem Pflichterfüllung und Pünktlichkeit wichtig, kann er gewonnen werden, wenn man diese Eigenschaften anerkennt.

Aufgabe

- Erstelle eine Liste von Personen, mit denen du zu tun hast. Notiere, welche Art von Lob und Anerkennung sie am meisten freut.
- Diskutiert eigene Erfahrungen: Welche Art von Lob und Anerkennung ist euch selber besonders wichtig?
- Erprobt, wie andere auf die Anerkennung jener Verhaltensweisen, die euch selber wichtig sind, reagieren.

Auswertung

- Besprecht, was ihr für Auswirkungen erkennt.
- Diskutiert darüber, wo die Grenze zwischen *Motivation* und *Manipulation* anzusetzen ist.

Es gibt immer wieder Menschen, die vor allem durch Druck (Drohung und Strafe) zu einem gewünschten Verhalten veranlasst werden können. Wir sind der Meinung, dass zunächst alle Möglichkeiten der positiven Motivation erprobt werden sollten.

Zugegeben: Der Übergang von Motivation zur Manipulation ist fließend. Im Rahmen von Kommunikationsübungen soll diese Grenze bewusst gemacht und diskutiert werden.

Debatte	Klasse	40 Min.	ab 4. Sj.
Ziel: Stärke der Gruppe in der Debatte erfahren	sich durchsetzen		D 8

Anlässlich der Debatte lernt man, überzeugende Argumente zu finden und auf Argumente der Gegenseite zu reagieren.

Aufgabe

- Die Klasse entscheidet sich für ein Thema, zu dem es kontroverse Meinungen gibt. Eine Meinungsumfrage dazu ergibt ein erstes Bild.
- Die eine Halbklasse sucht Argumente für, die andere gegen eine bestimmte Position.
- In der Debatte werden abwechselnd die eigenen Argumente vorgebracht und auf die gegnerischen Positionen reagiert.
- Am Ende wird die Abstimmung wiederholt.

Auswertung

- Wer seine Meinung gewechselt hat, sagt, welche Argumente ihn besonders überzeugt haben.
- Welche Argumente vermochten der Debatte neue Anstöße zu geben?

Variante: Rollentausch

Mitten in der Debatte werden die Rollen getauscht: Alle oder einzelne nehmen auf der Gegenseite Platz und argumentieren von dieser Position aus. Diese Spielform zwingt einen, die Denkweise der Gegenseite nachzuvollziehen.

Grundsätzlich sollten die Themenvorschläge von den Teilnehmenden selber kommen. Oft ergeben sie sich aus der sozialen Situation oder aus dem Unterricht.

Diskussionsbeispiele:

- *Kaugummikauen erlauben oder verbieten?*
- *Was tun, wenn jemand bei Prüfungen schummelt?*
- *Volljährigkeit mit welchem Alter?*
- *Rauchen auf dem Schulareal?*
- *Hausaufgaben ja oder nein?*

Unentschiedene überzeugen	Klasse	40 Min.	ab 4. Sj.
Ziel: Unentschiedene von einem Standpunkt überzeugen	sich durchsetzen		D 9

Wer vorgibt, einen Sachverhalt «mit dem gesunden Menschenverstand» zu entscheiden, ist in Wahrheit oft nicht bereit, sich mit Argumentationen und Begründungen auseinanderzusetzen. Bei dieser Übung muss differenziert argumentiert werden.

Aufgabe

- Die Klasse entscheidet sich für ein Thema, zu dem es einerseits kontroverse Meinungen und andererseits Unentschiedene gibt.
- Die Parteien suchen Argumente für ihr Anliegen. Sie können auch «Gutachten» oder «rechtliche Grundlagen» einsetzen.
- In der Debatte versuchen die Parteien, die Unentschiedenen zu überzeugen.
- Am Schluss wird abgestimmt.

Auswertung

- Welche Argumente konnten besonders gut überzeugen?
- Welche Argumente vermochten der Debatte neue Anstöße zu geben?
- Wie haben die Unentschiedenen argumentiert?

Grundsätzlich sollten die Themenvorschläge von den Teilnehmenden selber kommen. Oft ergeben sie sich aus der sozialen Situation oder aus dem Unterricht von selbst.

Themenbeispiele:

- *Mundart oder Hochdeutsch im Unterricht?*
- *Darf man in der Pause das Schulareal verlassen, um in der Bäckerei Süßigkeiten zu kaufen?*
- *Soll der Sport / die Handarbeit / der Musikunterricht freiwillig werden?*

Fünf Sätze	Gruppe Klasse	30 Min.	ab 3. Sj.
Ziel: Redemuster kennen und erproben	sich durchsetzen		D 10

Die Fünfsatzmethode ist ein Redemuster, das eine kurze und klare Argumentation begünstigt. Sie ist eine nützliche Hilfe für die Vorbereitung eines Diskussionsbeitrags.

Aufgabe

Überlegt euch für euren Diskussionsbeitrag drei Gründe, die für eure Meinung sprechen. Ihr könnt sie stichwortartig festhalten.

- Schließt mit einem Einstiegssatz an den Vorredner an oder stellt das Problem oder eure Position dar.
- Sätze 2, 3 und 4: Stellt jeden eurer Gründe in einem Satz vor.
- Der fünfte Satz soll eure Position klar herausstreichen oder einen Appell an die Diskussionsrunde enthalten.

Auswertung

Diskussion: Was leistet die Methode und inwiefern schränkt sie ein?

Varianten

- Das Argumentationsmodell mit den fünf Teilen kann auch für schriftliche Texte verwendet werden.
- Analysiert eine Stellungnahme eines Politikers am Fernsehen (Video, Tonband).

Beispiele zur Frage der Hausaufgaben (HA):

1 Schafft endlich die HA ab:
2 Sie sind ein Eingriff ins Privatleben.
3 Sie stiften Unfrieden und terrorisieren die ganze Familie.
4 Sie sind ungerecht, weil die Einzelnen unterschiedliche Hilfe erhalten.
5 Aus diesen Gründen sollten die HA endlich verboten werden.

1 HA sind ein wichtiger Bestandteil des Lernens.
2 Sie erziehen zu Selbständigkeit und Eigenverantwortung.
3 Sie ermöglichen es, Arbeiten individuell abzuschließen.
4 Was in der Schule begonnen wurde, kann weiter wirken.
5 Darum: HA müssen bleiben.

Dialog mit Echo	Partner	15 Min.	ab 4. Sj.
Ziel: dem anderen signalisieren, dass man ihn verstanden hat	einander wohl wollen		E 1

Mit der Übung soll erprobt werden, wie es ist, wenn dem anderen signalisiert wird, dass man ihm zugehört und ihn verstanden hat. Das Mittel ist das Zusammenfassen seiner Aussage, eine Form von Echo.

Aufgabe

Führt mit einem Partner / einer Partnerin ein fünfminütiges Gespräch über ein Thema, bei dem ihr möglichst unterschiedlicher Auffassung seid. Als Regel gilt: Bevor man einen eigenen Gesprächsbeitrag äußert, fasst man das, was der Partner gesagt hat, knapp zusammen.

Beispiel:

A *Ich finde du drängst dich immer so vor, du bist eine richtige Streberin.*

B *Du findest, ich setze mich zu sehr ein. Mir ist es einfach zu langweilig, wenn nichts läuft.*

Auswertung

Nach dem Gespräch soll darüber gesprochen werden, wie die Situation erlebt worden ist:

- Konnte das Echo zeigen, ob und wie die Äußerungen verstanden worden sind?

- Was für ein Gefühl löste das Echo beim Sprechenden / beim Hörenden aus?

Diese Übung kann auch mit einer beobachtenden Person durchgeführt werden, die am Ende des Gesprächs ihre Eindrücke äußert und auf Grund eines Protokolls zur Sprache bringen kann, wie gut das Echo jeweils das vorher Gesagte wiederzugeben vermochte.

Das Ohr des Herzens

	Partner	15 Min.	ab 4. Sj.

Ziel: auf die Gefühle der Sprechenden eingehen

einander wohl wollen   E 2

Hier soll einmal nicht auf den Inhalt einer Aussage gehört werden, sondern auf die Gefühlslage, die man beim Sprecher wahrnimmt.

Aufgabe

Jemand von euch erzählt von einem Erlebnis, einem Ausflug, einem Ferientag, einem Schultag ... Der Partner oder die Partnerin versucht die gefühlsmäßige Stimmung beim Erzählenden möglichst genau zu deuten. Man kann sie in Worte fassen, um nachzufragen, ob man die Stimmung richtig gedeutet hat:

- A: *Da sah ich plötzlich einen Schatten hinter mir.*
- B: *Das hat dich richtig erschreckt ...*
- A: *Ja, im ersten Moment schon, dann habe ich gesehen, dass es Reto war, und da war ich natürlich erleichtert und erfreut.*

Auswertung

Nach dem Gespräch sollen beide Partner aus ihrer Sicht auswerten:

- Wer erzählt hat, sagt, wo er sich verstanden fühlte und welche Deutung die Stimmung weniger gut getroffen hat.
- Wer zugehört hat, beschreibt, an welcher Stelle des Gesprächs es leicht /schwer fiel, die Gefühlslage zu erfassen.
  An welchen eigenen Erfahrungen könnte dies liegen?

Diese Übung kann auch mit einer beobachtenden Person gemacht werden, deren Aufgabe es ist, einzugreifen, wenn Spielregeln nicht eingehalten werden.

Meine vier Stimmen	Gruppe	30 Min.	ab 7. Sj.
Ziel: Aspekte einer Mitteilung unterscheiden	einander wohl wollen		E 3

Die Übenden lernen, unter den «vier Stimmen» die passende zu wählen.

Aufgabe

- Ein Sprecher / eine Sprecherin erzählt etwas, das ihm /ihr besonders wichtig ist.
- Vier Zuhörende achten auf unterschiedliche Wahrnehmungs-bereiche:
  - Was höre ich über den Gefühlszustand heraus? (Selbstkundgabe)
  - Was höre ich als Aufforderung heraus? (Appell)
  - Was bedeutet das Gesagte für unser Verhältnis? (Beziehung)
  - Was sagt die Botschaft in ihrem sachlichen Kern? (Inhalt)
- Jeder nimmt entsprechend seiner Wahrnehmung Stellung zum Gesagten.

Auswertung

- Welche «Stimme» war dem Sprecher jeweils wichtig, wie wollte er / sie verstanden werden?
- Welche Stimme passte am besten zur Situation?

Variante

Man vergibt die Rollen der vier Stimmen nicht fest, sondern markiert sie mit Zetteln an vier leeren Stühlen. Wer eine gute Formulierung für eine Stimme gefunden hat, setzt sich auf den betreffenden Stuhl und spielt mit.

Beispiel

«Gestern habe ich im Fernsehen einen richtigen Brutalo gesehen. Meine Mutter darf dies nicht erfahren ...»

- *Selbstkundgabe ('Ich vertraue dir etwas an'): «Das hat aber Mut gebraucht, du bist ganz stolz.»*
- *Appell ('Bewundere mich!'): «Du bist gut, erzähl mehr davon!»*
- *Beziehung ('... zu dir persönlich gesagt: ...'): «Mir kannst du es sagen, ich verrate dich nicht.»*
- *Inhalt ('Ich informiere dich über eine Sache'): «Und, wie findest du solche Brutalos?»*

Am Schluss soll der / die Er-zählende entscheiden, welche der vier Stimmen am besten wiederge-geben hat, was er / sie sagen wollte.

Deine vier Ohren	Gruppe	30 Min.	ab 5. Sj.
Ziel: Aspekte einer Mitteilung auseinander halten	einander wohl wollen		E 4

Die Übenden lernen, vier Aspekte einer Mitteilung auseinander zu halten. Sie finden heraus, was die vier Höreinstellungen beim Erzählenden bewirken.

Aufgabe

- Ein Sprecher / eine Sprecherin erzählt etwas, das ihm /ihr besonders wichtig ist.
- Die Zuhörenden reagieren nach unterschiedlichen Gesichtspunkten:
  - Was höre ich über den Gefühlszustand heraus? (Selbstkundgabe)
  - Was höre ich als Aufforderung heraus? (Appell)
  - Was bedeutet das Gesagte für unser Verhältnis? (Beziehung)
  - Was sagt die Botschaft in ihrem sachlichen Kern? (Inhalt)
- Jeder antwortet aus seiner Hörerrolle heraus.

Auswertung

- Alle überlegen, welche Höreinstellung ihnen besonders nahe liegt.
- Welche Wirkung haben die unterschiedlichen Höreinstellungen auf die Fortsetzung des Gesprächs?

Beispiel

«*Gestern war meine Rennmaus Fipsi ganz komisch, sie hat sich nur langsam bewegt…*»

- *Selbstkundgabe: Es tut mir leid, dass du so Sorgen hast …*
- *Appell: Ich bringe dir die Adresse eines guten Tierarztes.*
- *Beziehung: Dein Vertrauen zu mir freut mich, erzähl weiter.*
- *Inhalt: Wie ist denn der Unterschied gegenüber sonst?*

Am Schluss soll der Erzählende entscheiden, welches der vier Ohren ihn am besten verstanden hat.

Das Wichtige erkennen

	Partner Gruppe	30 Min.	ab 2. Sj.

Ziel: die zentrale Botschaft einer Mitteilung erfassen — einander wohl wollen — E 5

Was das Wichtige in einem Gesprächsbeitrag ist, entscheiden die Zuhörenden. Was diesen geblieben ist, erstaunt die Sprechenden oft.

Aufgabe

- Bereitet zu irgendeinem Thema einen Beitrag vor.
- Partnerarbeit: Erzählt euch gegenseitig, was euch zum Thema in den Sinn kommt.
- Je zwei Partnerschaften zusammen: Erzählt den neuen Partnern, was der andere euch erzählt hat. Fragt am Ende, ob ihr es richtig wiedergegeben habt.

Auswertung

- Habt ihr das Wichtige der Aussage erfasst und weitererzählt?
- Seid ihr von den Zuhörenden richtig verstanden worden?

Variante

Erzählkette: Eine Geschichte wird in der Runde von einer Person zur nächsten flüsternd erzählt. Am Schluss wird geprüft, ob sie sich im Kern nicht verändert hat.

Es geht hier um das Verständnis, das entsteht, wenn Zuhörende die Informationen ordnen, zueinander in Beziehung setzen und gewichten. Sie müssen Wichtiges von Nebensächlichem unterscheiden, es behalten und in einer eigenen Form wiedergeben.

Themenvorschläge:
- *Meine Hobbys*
- *Meine Lieblingsspeisen*
- *Meine Ämter zu Hause*

Satzgeschenke

	Klasse	20 Min.	ab 2. Sj.

Ziel: einander Gutes sagen lernen | einander wohl wollen | E 6

Satzgeschenke können Teil einer Kommunikationskultur werden, die das Positive betonen will. Es gibt viele Gründe dafür: Man möchte jemandem seine Sympathie zeigen, man bewundert jemanden, man möchte eine Handlung oder eine Auffassung verstärken usw.

Die Idee sollte anläßlich einer besonderen Begebenheit eingeführt werden, z.B. wenn ein Kind Geburtstag hat.

Aufgabe

• Alle schenken der ausgewählten Person *einen* Satz; dieser soll Freude bereiten, er ist ja ein Geschenk. Vielleicht sammelt die Gruppe beim ersten Mal Vorschläge, die auf einem Plakat für den Aushang notiert werden. Auf jeder Geschenkkarte steht natürlich auch der Absender. Der Satz kann Unterschiedliches thematisieren:
  – Was ich an dir besonders mag, ist …
  – Du hast in der letzten Biologiestunde gesagt … ; das fand ich toll.
  – In der Sportstunde hast du die Bälle auch anderen zugespielt.

• Bei besonderen Anlässen (z.B. in der Adventszeit) werden Satzgeschenke frei verteilt. Die Lehrperson muss durch eigene Geschenke dafür sorgen, dass die weniger beliebten Kinder nicht leer ausgehen.

• Man schreibt Satzgeschenke ohne Absender auf und verteilt sie unerkannt. Jeder liest seine Geschenke vor und versucht zu erraten von wem sie stammen.

Die Menschen wollen bestätigt werden, nicht kritisiert. Für Lob und andere Geschenke sind sie daher in der Regel offen.

Geschenke verteilt man aus unterschiedlichen Gründen: Zunächst wohl, um jemandem eine Freude zu machen, dann aber auch, um den Beschenkten auf sich aufmerksam zu machen und für sich zu gewinnen. Dies kann bei dieser spielerischen Kommunikationsübung beiläufig bewusst gemacht werden.

Interview mit einem Star

Ziel: Positives bewusst wahrnehmen lernen

einander wohl wollen | E 7

Mit der Übung sollen Menschen auf spielerische Art in ein gutes Licht gerückt werden. Wir lernen dabei, bewusst das Positive zu suchen. Die Übung soll sich auf das Klima der Gruppe günstig auswirken. Anhand der Übung lässt sich auch der Umgang mit Wahrheit und Klischees thematisieren.

Aufgabe

Die Partner werden zugelost oder es werden Partner gewählt, von denen man wenig weiß.

- Befragt euern Star und betont dabei die positiven Eigenschaften.
- Bereitet für eine «Fernseh-Talk-Show» ein Interview vor, bei dem die interviewte Person so positiv als nur möglich mit allen Vorzügen dargestellt wird. Es darf jedoch nicht gelogen werden. Alles muss wahr sein, aber es wird durch die positive Brille und den Sensationsfilter gesehen.
- Führt anschließend die Interviews in einer «Livesendung» vor.

Auswertung

- Welchen Einfluss hat es auf einen selber, wenn man einen anderen Menschen bewusst positiv darstellt?
- Was für ein Gefühl hat der interviewte «Star» dabei?

Die Übung zeigt, wie sich positives Denken auswirkt. Zugleich wird demonstriert, wie selektiv oder gar verfälschend Aussagen in den Medien sein können.

Es zeigt sich aber auch, dass man die Wahl hat, einen Menschen eher durch eine positive oder durch eine negative Brille zu sehen. Es wird deutlich, dass ersteres Vorteile für das Klima in der Beziehung hat.

Wünsche erraten

Ziel: eine wohlwollende Grundhaltung erproben und üben

einander wohl wollen   E 8

Einfühlung kann und muss geübt werden. Wir müssens dabei überlegen, was für andere wichtig und bedeutsam ist. Und wir müssen es in Worte fassen.

Aufgabe

- Alle erhalten einen Partner / eine Partnerin als «Wunschempfänger» durch Los (Zettel mit Namen ziehen) zugeteilt.
- Während einigen Minuten, in denen nicht gesprochen werden soll, überlegt jedermann, was dem Wunschempfänger besonders wichtig sein könnte, was er für Sehnsüchte hat, egal, ob realistisch oder nicht.
- Dann geht man auf den Partner zu und spricht den Wunsch aus: «Ich wünsche dir, dass… » Der andere darf sagen, ob er sich in seinen Wünschen verstanden fühlt oder nicht: «Ich danke dir, du verstehst meine Wünsche» oder aber: «Du hast es gut gemeint, aber ich wünsche nicht das, was du denkst.»

Auswertung

In der Runde wird besprochen, wie einfach oder schwierig es war, die Wünsche der anderen zu erraten. Wie ist man auf seine Vermutungen gekommen? Ist es wichtig, dass die Wünsche in Erfüllung gehen oder ist es ebenso wichtig, sich verstanden zu fühlen?

Die Übung kommt aus der Erwachsenenbildung. Der / die Wünschende erfährt, ob die Einfühlung gelungen ist oder nicht.

In Schulklassen ist sie als Geburtstagsritual beliebt: Das Geburtstagskind bekommt von allen anderen gute Wünsche geschenkt.

Variante

Die Übung kann auch schriftlich durchgeführt werden, ja oft ist es spannender, wenn man die Wünsche schriftlich bekommt. Das «Wünscheraten» kann ein Impuls für Briefkontakte unter den Schülerinnen und Schülern sein.

Du bist wertvoll für mich	Partner Klasse	30 Min.	ab 1. Sj.
Ziel: bei den Partnern das Positive sehen lernen	einander wohl wollen		E 9

Die Übung soll zu positivem Denken über Mitmenschen in Zwangsgemeinschaften (z.B. in einer Schulklasse) erziehen. Ein sehr negatives Klassenklima kann allerdings die mit der Übung beabsichtigte Erziehung zur Wertschätzung verunmöglichen.

Aufgabe

- Es werden Paare zugelost. Alle bekommen Zeit, um zu überlegen, warum der andere für einen selber wertvoll ist. Die Lehrperson kann beraten, wenn jemandem nichts einfällt.

- Im Paar werden die Aussagen ausgetauscht. Dabei kann ein Grund genannt werden oder nicht. Der Partner kann auch selber Meinungen äußern, wieso er für den Partner wertvoll sein könnte.
  - Beispiel mit Begründung: «Du bist wertvoll für mich, weil du mir bei schwierigen Rechnungen hilfst.»
  - Ohne Begründung: «Du bist wertvoll für mich, aber ich weiß noch nicht warum.» – «Vielleicht, weil ich immer die Wahrheit sage?»

- Man kann eine Runde anschließen, in der jeder sagt, was er über sich selber erfahren hat. Das können gute Neuigkeiten sein: «Ich wusste gar nicht, dass …», aber auch die Freude darüber, dass etwas, was man für andere tut, auch zur Kenntnis genommen wird: «Ich freue mich, dass X gemerkt hat, dass ich …»

Es ist nicht ratsam, diese Übung in zerstrittenen Klassen durchzuführen.

Die Lehrperson muss darauf achten, dass alle Kinder etwas Positives zu hören bekommen.

Varianten

- Die Paare werden von der Lehrkraft zusammengestellt. Sie gewährleistet damit, dass alle etwas Positives zu hören bekommen.

- Zum Schutz kann man verlangen, dass die Gründe von der Lehrkraft zensuriert werden müssen, bevor sie gesagt werden dürfen.

- Die Gründe werden in einem Steckbrief für jeden Schüler gesammelt und aufgeschrieben.

Ins gute Licht rücken

	Partner	10 Min.	ab 1. Sj.

Ziel: positiv über andere Menschen denken lernen   einander wohl wollen   E 10

Bei jedem Menschen findet man etwas auszusetzen, wenn man will. Aber man kann auch positiv über andere Menschen denken wollen.

Aufgabe

- In der ersten Lektion eines Tages werden durch Zulosen Zweiergruppen (evtl. eine Dreiergruppe) gebildet.
- Ihr sollt nun den ganzen Tag euern zugelosten Mitschüler beobachten und zwischendurch immer wieder überlegen, was euch an seinem Verhalten positiv auffällt.
- In der letzten Stunde des Tages gibt es eine Runde, in der jeder eine oder mehrere positive Beobachtungen sagt.

Variante

Die Lehrkraft teilt die Paare zu, und zwar so, dass beim ersten Durchgang Kinder einander Positives sagen, die auch positiv voneinander denken. Später können dann auch Kinder zum positiven Denken angeregt werden, die eigentlich nicht so positiv voneinander denken.

Auswertung

Wie wirkt es sich auf die Beziehungen und das Klima aus, wenn wir das Positive zu sehen und zu sagen versuchen?

Die Übung kann bei sehr problematischem Klassenklima nicht durchgeführt werden. Oder sie muss zumindest in einer weniger heiklen Form praktiziert werden. Wenn Außenseiter in der Gruppe sind, muss sehr darauf geachtet werden, dass diese auch etwas Positives zu hören bekommen.

Beispiele

- *«Ich fand es toll, dass du dich heute im Turnen für deine Mannschaft so eingesetzt hast».*
- *«Die schlechte Note in der Mathematik hast du sehr gelassen entgegengenommen».*
- *«Mir gefallen deine roten Haare.»*

Blitzlicht	Klasse	5 Min.	ab 1. Sj.
Ziel: kurze Rückmeldung aller Beteiligten ermöglichen	Feedback		F 1

Am Schluss einer Veranstaltung, einer Schulstunde oder eines Unterrichtstages soll in kurzer Zeit und mit einfachen Mitteln etwas über die Befindlichkeit und die Einstellung aller Beteiligten (auch der Lehrperson) erfahren werden. Man beschränkt sich dabei auf *eine* Frage.

Aufgabe

Äußert euch der Reihe nach in einem oder höchstens zwei Sätzen zu einer ausgewählten Frage. Beispiele für Fragen:

- Wie fühlt ihr euch im Augenblick?
- Was hat euch am Thema interessiert / angesprochen?
- Welche Aufgaben / Situationen waren für euch herausfordernd / besonders anregend?
- Wo habt ihr euch einbringen können?
- Was habt ihr von anderen / von der Lehrperson / aus den Lehrunterlagen / durch eigenes Denken und Tun gelernt?
- Wer / was hat euch beim Lernen unterstützt oder behindert?

Hinweis

Auf die Äußerungen soll weder durch Kritik noch durch Rückfragen oder Kommentare reagiert werden.

Feedback soll grundsätzlich von positiven Fragen ausgehen, also nicht:

- *Was hat euch nicht gepasst?*

Es soll dabei bewusst werden, dass die Lerngruppe Mitverantwortung trägt, also:

- *Was hast du dir holen können?* nicht:
- *Was hat es dir gebracht?*

Varianten

- Ein Blitzlicht kann auch einmal zu Beginn einer Veranstaltung die Erwartungen der Teilnehmenden offen legen.
- Stellt eure Befindlichkeit durch Mimik, Gestik oder eine kleine Pantomime dar oder durch eine Skizze, eine Melodie, einen Rhythmus …

Tagesschau	Klasse	30 Min.	ab 1. Sj.
Ziel: spielerische Rückmeldung über eine gemeinsame Zeit	Feedback		F 2

Bei dieser Feedbackform sollen die Ereignisse eines Tages oder einer Woche zusammenfassend dargestellt werden. Eine Gruppe (Redaktoren, Moderatorin, Bühnenbildner usw.) bereitet die Sendung vor. Diese wird – hinter einem Bildrahmen als Fernseher – präsentiert.

Aufgabe

- Stellt die wichtigsten Ereignisse des Tages / der Woche als «Tagesschau» vor.

- Als Sprecher, Berichterstatter, Kommentatoren äußert ihr euch zu Fragen wie
  - Was hat sich ereignet, und wie haben wir dies erlebt?
  - Was haben welche Personen beigetragen?
  - Wie bewerten wir das Erlebte und Erfahrene für uns selber?

- Es können auch Grafiken, Skizzen, Bilder eingeblendet werden, oder das Ganze kann klanglich untermalt werden.

Varianten

- Die Tagesschau wird vorgängig auf Video aufgezeichnet und dann abgespielt.

- Die Moderierenden verbinden die Tagesschau mit einer Publikumsumfrage, bei der die Meinung der Zuschauenden eingeholt wird.

Es empfiehlt sich, das Tagesschau-Team gleich zu Beginn zu bestimmen. Die Gruppe braucht Vorbereitungszeit, besonders wenn sie ihrer Aktion einen theatralischen Rahmen geben will.

# Wie wars für euch?	Klasse	10 Min.	ab 3. Sj.
Ziel: in spielerischer Art Rückmeldung geben	Feedback		F 3

Nach einer Schulstunde, einem Schülerreferat, einem Klassenrat usw. wird das Feedback zweier ausgewählter Personen in spielerischer Weise eingeholt: Sie antworten auf vorgegebene Fragen.

Aufgabe

Zwei durch das Los bestimmte Personen (in der Regel Schüler oder Schülerinnen) geben ihr Gefühl und ihre Meinung über eine gemeinsam erlebte Situation bekannt. Sie führen vor der Klasse ein kurzes Gespräch zu vorgegebenen Fragen:

- Wie hast du dich beim Anlass gefühlt?
- Was hat dich am Thema interessiert und angesprochen?
- Welche Aufgaben oder Situationen waren für dich herausfordernd oder besonders anregend?
- Wo hast du dich einbringen / den Anlass aktiv mitgestalten können?
- Was hast du von anderen / von der Lehrperson / aus den Lehrunterlagen / durch eigenes Denken und Tun gelernt?
- Wer und was hat dich dabei unterstützt oder behindert?

Das Gespräch soll sich auf sieben bis zehn Minuten beschränken. In der Regel bleibt es als persönliche Aussage stehen und wird nicht kommentiert.

Die Fragen können z.B. auf einem Plakat notiert sein, das an der Wand hängt. So sind sie jederzeit sofort verfügbar. Ein solches Rückmelderitual kann regelmäßig durchgeführt werden.

Die beiden Rückmeldenden sollen sich vorstellen, sie wären allein. Sie führen das Gespräch für sich, ohne Kontakt zu den anderen: sie können es als kleines Rollenspiel aufziehen.

Wir erhalten zunächst eine Meinung zu einem durchgeführten Anlass. Und wir erfahren dabei auch etwas über das Fühlen und Denken der Rückmeldenden.

Fragenkataloge können in der Klasse beraten und verändert werden. Man muss aber Kritik oder Beschimpfung vermeiden.

Förderliches Feedback

| | Partner Gruppe | 20 Min. | ab 4. Sj. |

Ziel: kritisches Feedback förderlich gestalten

Feedback   F 4

Mittels Feedback möchte man einem Partner mitteilen, was man für ihn als förderlich betrachtet. Oft weisen wir dabei auf die Mängel hin, ohne zu bedenken, dass sich der andere dadurch eher verschließt. Denn die Menschen wollen bestätigt werden, nicht korrigiert.

Aufgabe

- Zeichnet auf einem Blatt A3 ein Bild von euch. Stellt euch recht selbstbewusst dar.

- Die Bilder werden ausgehängt. Im Idealfall weiß man nicht, welches Bild zu welcher Person gehört.

- Jetzt werden die Bilder danach besprochen, wie die Person in Bezug auf ihr Selbstwertgefühl wirkt bzw. was sie diesbezüglich verbessern könnte:

  - Die Figur dürfte sich besser ins Zentrum rücken.
  - Sie könnte noch sicherer auf beiden Beinen stehen.
  - Die Figur füllt das Blatt markant aus (oder nur teilweise aus).
  - Sie sollte sich zeigen, statt sich zu verstecken.
  - Sie blickt den Betrachter gerade und offen an.
  - Sie blickt fröhlich / traurig / nachdenklich ... drein.
  - ...

Die Übung sollte sich darauf beschränken, förderliches Feedback formulieren zu lernen. Wir lernen, dass «Feedback» nicht eine Aufzählung von «Fehlern» ist.

Es muss deutlich gemacht werden, dass die Zeichnung nicht das Selbstwertgefühl selber abbilden kann. Die Betroffenen sollen darum aus der Übung lediglich Anregungen erhalten, mit denen sie sich auseinandersetzen können oder auch nicht.

In der Regel ist es günstiger, wenn man die Person auf dem Bild nicht kennt. Es soll auf jeden Fall nicht über die Personen gesprochen werden, sondern lediglich über die Wirkung der Zeichnungen.

Feedbackformen	Gruppe Klasse	10 Min.	ab 6. Sj.
Ziel: Formen des Feedback kennen lernen	Feedback		F 5

In Gesprächssituationen ist der Sprechende verunsichert, wenn die Zuhörenden nicht regelmäßig rückmelden, dass sie ihm folgen. Durch verschiedene Formen des Feedback wird Verständigung signalisiert.

Feedback dient den Sprechenden dazu, sich zu vergewissern, dass sie von den Zuhörenden verstanden worden sind, und diesen, dass sie die Sprechenden richtig verstanden haben.

Aufgabe

- Beobachtet eine Gesprächssituation (z.B. im Fernsehen) und notiert, mit welchen Signalen die Sprechenden sich vergewissern, ob sie verstanden worden sind.
- Beobachtet eine Gesprächssituation (z.B. im Fernsehen) und notiert mit welchen Signalen die Zuhörenden sich vergewissern, ob sie die Sprechenden richtig verstanden haben.
- Erprobt Signale des Verständnisses am Telefon und besprecht den Unterschied zum direkten Gespräch.

Auswertung

- Stellt für die Sprechenden und die Hörenden je eine Liste mit Signalen zusammen, mit denen dem Gegenüber das Verständnis signalisiert werden soll.
- Beschreibt verschiedene Arten des Feedbacks in Gesprächen.

Signale des Feedbacks:

- *körpersprachliche Signale, z.B. Blickkontakt, nicken, sich hinwenden*
- *Lautsignale: hm, ts, oh! äh! aha*
- *verbale Signale: Sicher? was!? nein, sowas! jaja; so?*

Am Telefon sind nur Lautsignale möglich. Wer lange nichts mehr äußert, wird dann unvermittelt gefragt, ob er eigentlich noch dran sei.

Kritikrituale

	Partner	2 Min.	ab 4. Sj.
Ziel: kritisieren lernen ohne zu verletzen	Feedback		F 6

Die Schülerinnen und Schüler sollen ein Muster kennen lernen, mit dem sie Kritik ausdrücken können, ohne dass dabei die partnerschaftlichen Beziehungen beeinträchtigt werden.

Aufgaben

Kritisieren

Versuche zu spüren, was dich am Verhalten oder an der Aussage deines Partners stört. Fasse das in Worte, die immer gleich beginnen: «Wenn du das tust / sagst, spüre ich bei mir … »

Kritik empfangen

- Signalisiere, dass du die Kritik verstanden hast:
  - durch Nachfragen: *Wie meinst du das genau?*
  - durch Umschreiben: *Mit andern Worten, du meinst …*
  - Durch Zusammenfassen: *Kurz gesagt, du findest …*

- Grenze dich klar ab, indem du folgenden immer gleichen Vorbildsatz sagst: «Ich danke dir für deine Kritik. Ich werde mir deine Sicht überlegen. Ich werde aber selber entscheiden, wie ich sein möchte.»

Auswertung

Wie empfindet ihr den Umgang mit Kritikritualen?

Jeder Mensch will normalerweise akzeptiert und geschätzt werden; Kritik verunsichert, man fühlt sich abgewertet. Einerseits sollten wir lernen, aufbauende, konstruktive Kritik zu üben; andererseits müssen wir auch lernen, Kritik an uns anzunehmen und einzuordnen.

Die Ablehnung eines Verhaltens durch andere spüren wir zunächst physisch als Erregung. Solche Gefühle sollten wir akzeptieren – bei uns selber ebenso wie bei den anderen.

Heißer Stuhl

	Gruppe	60 Min.	ab 6. Sj.

Ziel: Wahrnehmungen anderer über sich zur Kenntnis nehmen | Feedback | F 7

Diese Übung setzt ein sehr gutes Gruppenklima voraus. Wir lernen dabei nicht nur Wahrnehmungen anderer zu akzeptieren, sondern auch Wahrnehmungen anderer sozial akzeptabel zu formulieren. Die Übung kann echt «heiß» werden, wenn sie unausgesprochene Spannungen in einer Gruppe zutage fördert. Dies wiederum ist eine Voraussetzung dafür, dass sie bearbeitet werden können.

Aufgabe

- Eine freiwillige Person setzt sich auf einen Stuhl im Kreis.

- Nun setzen sich die anderen der Reihe nach vor diese Person hin und sagen ihr, was ihnen an ihr gefällt.

- Nach jeder Aussage sagt die Person auf dem heißen Stuhl: «Ich danke dir für deine Meinung. Ich werde annehmen, was mir gefällt und nicht beachten, was mir nicht gefällt.»

Auswertung

Am Ende jeder Runde erfolgt eine gründliche Aussprache:

- Wie ist es dir auf dem heißen Stuhl ergangen?
- Was hast du als belastend oder als angenehm empfunden?
- Wie war es, Dinge auszusprechen, die wir im Alltag nicht sagen würden?
- Worin unterscheiden sich die Bilder zur gleichen Person?
- Was bedeuten die Aussagen für die Beziehungen in der Gruppe?

Bei dieser heiklen Übung ist das Einhalten der strengen Form besonders wichtig, weil sie die Garantie dafür bietet, dass Verletzungen und Konflikte in der Gruppe im Rahmen gehalten werden können. Es ist darum davon abzuraten, einander negative Dinge zu sagen. Die Leiterin / der Leiter sollte dies verhindern.

Varianten

- Beschränkt euch auf äußere Dinge, die euch auffallen.

- Wählt ausschließlich positive Eigenschaften, innere Werte.

- Führt die Übung anlässlich eines Geburtstages als «Geschenkritual» durch (→ E 6: Satzgeschenke).

Das Positive sagen	Partner	20 Min.	ab 6. Sj.
Ziel: das Positive erkennen und bewusst ausdrücken	Feedback		F 8

In Rückmeldesituationen soll immer zunächst das Positive gesucht werden, auch wenn es manchmal schwer fällt.

Aufgabe

- Denke an etwas, das dich an deinem Partner oder deiner Partnerin in der Vergangenheit immer mal wieder genervt hat.

- Überlege dir, was du daran Positives finden könntest, z.B.:
  - Das Unangenehme ist seltener / schwächer geworden.
  - Du kannst im Verhalten auch eine positive Seite erblicken.
  - Das Verhalten hat bei dir selber einen Lernprozess ausgelöst.

- Formuliere einen kritischen Aspekt so, dass dein Partner ihm etwas Positives abgewinnen kann.

Auswertung

- Wie hat deine Partnerin / dein Partner deine positive Kritik erlebt?
- Welche negative Kritik hat sie / er allenfalls herausgehört?

Positive Rückmeldungen motivieren zur Auseinandersetzung mit dem eigenen Verhalten. Negative Kritik reduziert bei vielen Menschen die Bereitschaft dazu, obwohl sie meistens informativer ist.

Es wäre schön, du wärst ...

	Partner Klasse	30 Min.	ab 3. Sj.

Ziel: einem Partner seine Einstellung mitteilen lernen   Feedback   F 9

Ein Grundkonflikt unter Menschen ist, dass sie nicht so sind, wie wir sie haben möchten. Diesen Sachverhalt müssen wir akzeptieren lernen, gleichzeitig aber auch ausdrücken können, wie wir einen Partner eigentlich haben möchten.

Aufgabe

- Setzt euch zu zweit einander gegenüber. Während zwei Schweige- minuten überlegt ihr, wie ihr das Gegenüber haben möchtet und wie ihr dies auf freundliche Art mitteilen könnt. Vorwürfe sind nicht zulässig!

- Die Übung beginnt mit den Worten: «Es wäre schön, du ...» und endet mit: «Aber du hast natürlich die Freiheit, anders zu sein, als ich es möchte.» Dieses Ritual ist unbedingt einzuhalten.

Auswertung

Nach dieser Übung kann ein Gespräch in der Klasse angebracht sein:

- Was haben wir als anregend erlebt?

- Was ging zu nahe?

Am Schluss soll die Lehrperson noch einmal betonen, dass jeder das Recht hat, so zu sein, wie er selber es als richtig erachtet.

Diese Übung kann verletzend sein, wenn die Forderung, anders zu sein, als Kritik an der Person erlebt wird. Es empfiehlt sich darum, mit freiwilligen Paaren zu beginnen.

Variante

Falls die Übung zu emotional werden könnte, soll sie mit einem weiteren Sprachritual abgeschlossen werden: Der Zuhörende sagt: «Ich danke für deine Anregung. Ich nehme mir die Freiheit, damit zu machen, was ich will.»

Schuhe anziehen

	Klasse	30 Min.	ab 4. Sj.

Ziel: Selbsteinschätzung und Mut zur Selbsterkenntnis fördern | Feedback | | F 10

Mit dem anonymen Feedback wird erreicht, dass jeder selber einschätzen muss, welches Feedback für ihn gemeint sein könnte. Verletzende Feedbacks braucht niemand zu wählen.

Aufgabe

- Schreibe für mehrere Mitschülerinnen und Mitschüler auf je einen Zettel (in Form eines Schuhs zugeschnitten) das auf, was du ihr / ihm schon lange einmal sagen wolltest, z.B.
  - was du über sie / ihn denkst
  - was du an ihm / ihr bewunderst
  - was du nicht magst

  Die Zettel dürfen keinen Namen enthalten. Sie können aber so konkret sein, dass erraten werden kann, wer gemeint ist.

- Die Zettel werden an der Pinnwand aufgehängt, sodass wir sie lesen können.

- In einer Runde sagen alle zu einem selber gewählten Feedbackzettel:
  «Diesen Schuh ziehe ich mir an, er passt zu mir, weil …»
  Natürlich können sich mehrere den gleichen Schuh anziehen. Dem Verfasser steht es frei zu sagen, für wen der Schuh gedacht war.

Auswertung

- Welche Motive gab es, einen bestimmten Schuh zu wählen?

Die Übung kann heikel sein, weil wie beim Feedback Verletzungen nicht ausgeschlossen sind. Die Lehrkraft sorgt deshalb durch Regeln oder durch eigene Beiträge dafür, dass genügend Feedbackschuhe vorhanden sind. Auch schlecht integrierte Schülerinnen und Schüler müssen die Chance haben, einen passenden Schuh zu finden.

Varianten

Man kann vorher absprechen

- nur positives Feedback zu schreiben

- wer für wen einen Schuh schreibt, wobei der Empfänger ihn verweigern kann

- ob später doch noch aufgedeckt wird, für wen ein Schuh geschrieben worden ist

Typische Bewegung	Gruppe	20 Min.	ab 1. Sj.
Ziel: sich nonverbaler Signale bewusst werden	Gestik, Nonverbales		G 1

In einem Sack sind eine Reihe von Gegenständen, die für bestimmte Arbeiten gebraucht werden. Sie müssen den Kindern aus dem Alltag oder aus der Schule bekannt sein.

Aufgabe

- Ein Kind greift ohne hinzusehen in den Sack und ertastet einen Gegenstand (z.B. Kochlöffel, Kleiderbürste, Kreide).
- Das Kind zieht die Hand ohne den Gegenstand wieder aus dem Sack und zeigt mit einer typischen Bewegung, wie man diesen Gegenstand gebrauchen kann.
- Die zusehenden Kinder raten, welchen Gegenstand das tastende Kind in der Hand hatte. (Evtl. auch schriftlich festhalten.)
- Das tastende Kind kann die Vermutung bestätigen oder die typische Handbewegung solange zeigen, bis der Gegenstand erraten wird.
- Die Bezeichnung des Gegenstandes (allenfalls ein Verb für die entsprechende Tätigkeit) wird auf Kärtchen geschrieben, die am Schluss den auf dem Boden ausgebreiteten Gegenständen zugeordnet werden.

Auswertung

Welche Gegenstände sind einfach darzustellen, welche bereiten Mühe? Warum?

Dieses Vorgehen schult das begriffliche Wissen und die Wahrnehmung von Gesten, die den Gebrauch bekannter Gegenstände pantomimisch darstellen.

Varianten

- Adjektivübung:
  Das Kind muss den Gegenstand mit Adjektiven beschreiben.
- Die Kinder können selber Gegenstände mitbringen.

Körpersignale

Ziel: Die Bedeutung der Körpersprache erfahren

Gestik, Nonverbales · G 2

Voraussetzung für diese Übung ist eine ungetrübte Lehrer-Schüler-Beziehung.

Aufgabe

Die Leiterin / der Leiter nennt nacheinander Tiere und bittet, eine dazu passende Tätigkeit zu suchen. Beispiel: Der Hund → bellt.

Bei den ersten Beispielen nickt der Leiter anerkennend, dann aber beginnt er, durch Seitwärtsneigen des Kopfes und andere Gesten zunehmend mehr Unzufriedenheit mit den Antworten zu signalisieren. Dies wird solange fortgesetzt, bis der Partner zu fragen beginnt, was denn um Himmels willen an seinen Antworten falsch sei.

Auswertung

Die Gruppe beobachtet:

- Wie lange dauert es, bis die Versuchsperson zu reagieren beginnt?
- Wie werden solche Reaktionen sichtbar?
- Wie weit kann man das Spiel treiben, bis die Versuchsperson aussteigt?
- In welcher Art steigt sie aus?

Im anschließenden Gespräch soll deutlich werden, wie positive und negative Körpersignale auf einen Gesprächspartner wirken.

Mit nonverbalen Signalen (Gestik, Mimik), aber auch mit paraverbalen (Klang der Stimme) teilen wir vieles «zwischen den Zeilen» mit.

Hinweis

Bei dieser Übung kommt es hie und da vor, dass jemand sich nicht irritieren lässt und die Arbeit fortsetzt, selbst wenn er / sie deutliche Signale der Missbilligung erhält. Das kann mit einem ausgeprägten Selbstwertgefühl zu tun haben oder damit, dass er / sie das Spiel durchschaut.

In jedem Fall muss die Situation im Anschluss besprochen und geklärt werden.

Schweigender Mund	Partner Gruppe	15 Min.	ab 2. Sj.
Ziel: an der Mundpartie den Gefühlszustand erkennen	Gestik, Nonverbales		G 3

Menschen, die einander sehr gut kennen oder einander sonst sehr gut verstehen, können im Gesicht des anderen lesen. Im Folgenden soll versucht werden, an der Mundpartie zu erkennen, was für ein Gefühlszustand dargestellt wird.

Aufgabe

Alle notieren auf einem Zettel in einer beliebigen Reihenfolge mehrere Gefühlszustände (Trauer, Zufriedenheit, Wut, Übermut, Staunen, Freude ...). Die anderen dürfen den Zettel nicht sehen.

- Jetzt hält sich eine Person ein Blatt Papier derart vor das ganze Gesicht, dass nur Mund und Kinn sichtbar sind. Mit diesem teilweise abgedeckten Gesicht werden die Gefühlszustände der Reihe nach dargestellt.
- Die anderen raten, welches Gefühl jeweils ausgedrückt werden soll, und notieren dies auf einen Zettel.
- Dann werden die Einschätzungen verglichen.

Auswertung

- Welche Gefühle waren schwer zu erraten?
- Woran liegt dies?
  (Ist diese Gefühlslage fremd für den Darsteller und deshalb schwer darstellbar? Oder ist sie fremd für den Betrachter und deshalb schlecht erkennbar?)

Bei dieser Übung soll erfahren werden, was die Mundpartie über einen Gefühlszustand aussagen kann. Die anderen Teile des Gesichts werden hinter einem Papier oder einem Karton versteckt.

Japanische Variante

Eine schwierigere Aufgabe ist es, wenn alle ausgedrückten Gefühle mit einem Lächeln kombiniert werden, wie dies in gewissen Kulturen Sitte ist. Die ratende Person muss dann wahre und überspielte Gefühlszustände unterscheiden können.

Sprechende Augen	Partner	20 Min.	ab 5. Sj.
Ziel: an den Augen den Gefühlszustand erraten	Gestik, Nonverbales		G 4

Menschen, die einander sehr gut kennen oder einander sonst sehr gut verstehen, können in den Augen des anderen lesen. Gelingt dies auch bei Kameradinnen und Kameraden?

Aufgabe

- Beide Partner notieren auf einem Zettel in einer beliebigen Reihenfolge mehrere Gefühlszustände, die man haben kann (Trauer, Müdigkeit, Wut, Übermut, Staunen, Freude ...). Der Partner / die Partnerin darf den Zettel nicht sehen.
- Dann hält sich erst die eine, dann die andere Person einen Karton derart vor das Gesicht, dass nur die Augen und die Stirn sichtbar sind. Mit diesem teilweise abgedeckten Gesicht werden die Gefühlszustände der Reihe nach dargestellt.
- Die anderen raten, welches Gefühl dabei ausgedrückt werden soll, und notieren dies.
- Dann werden die Einschätzungen verglichen.

Auswertung

- Welche Gefühle waren schwer zu erraten?
- Woran liegt dies?
  (Ist diese Gefühlslage fremd für den Darsteller und deshalb schwer darstellbar? Oder ist sie fremd für den Betrachter und deshalb schlecht erkennbar?)

Beim Einschätzen der Gefühle aus der Mimik eines Menschen werden die Augen meist zu wenig beachtet, weil sie sich bei veränderter Stimmungslage weniger deutlich ändern. Diese Übung hilft, weil sie die ablenkende Mimik eines Teils des Gesichts ausschaltet: Mund, Nase und Kiefer verschwinden hinter dem Karton.
(→ islamische Frauen)

Variante

Eine einfachere Variante - für jüngere Kinder - ist es, wenn man die Gefühle vorher abspricht und nicht zu viele verschiedene nimmt. Die Ratenden müssen dann nur noch herausfinden, welche der abgesprochenen Gefühlszustände dargestellt werden.

Kannitverstan	Partner Gruppe	30 Min.	ab 3. Sj.

Ziel: Verständigung mit Wörtern ohne Inhalt erproben | Gestik, Nonverbales | G 5

Wie gut gelingt Verständigung, wenn die Bedeutung der Wörter nicht verstanden werden kann?

Aufgabe

- Wählt zu zweit eine Konfliktsituation aus, z.B.
  - Ihr möchtet fernsehen; die Mutter erlaubt es nicht.
  - Ihr wollt mit anderen spielen gehen, der Vater will, dass zuerst die Hausaufgaben erledigt werden.

- Besprecht die Lösung des Konflikts nicht. Ihr könnt aber beraten, wie ihr die Szene beenden wollt, z.B. durch Kompromiss und Verständigung, durch Davonlaufen, Weinen usw.

- Spielt anderen die Situation vor. Dabei sollt ihr eine Fantasiesprache verwenden, die aus immer demselben Vokal mit unterschiedlichen Konsonanten besteht: *gagababatatza?* oder *ridbitidi!* usw.

Auswertung

- Woran haben die Zuschauenden bestimmte Aussagen erkannt?
- Welche «Sätze» waren Fragen, Befehle, gewöhnliche Mitteilungen?
- Wie könnte sich der Konflikt entwickelt haben?

Am Tonfall lassen sich einerseits Aussage-, Befehls- und Fragesätze unterscheiden. Darüber hinaus verrät er die Emotionen und gibt damit wichtige Hinweise auf den möglichen Inhalt.

Text im Kontext

Ziel: unterschiedliche Wirkung eines Textes erfahren

Gestik, Nonverbales   G 6

Wie ein Text empfunden wird, ist ganz wesentlich davon abhängig, wo und wie er präsentiert wird.

Aufgabe

- Wählt einen beliebigen Text aus, etwa eine Passage aus einer Tageszeitung oder einem Roman (maximal dreißig Wörter).

- Jemand liest den Text vor. Die Art des Vortragens soll dabei einer Vorgabe entsprechen, die auf einem Kärtchen nur dem Lesenden gezeigt wird. Beispiele: Grabrede eines Pfarrers, Sportreporter, Nachrichtensprecherin, Vereinspräsident bei einer Jahresversammlung, Verkäuferin, Politikerin bei Wahlrede.

- Die Zuhörenden müssen erraten, welchen Beruf die Sprecherin / der Sprecher hat oder um was für einen Anlass es sich handelt.

- Am Ende wird verglichen, ob die Einschätzungen mit der Vorgabe übereinstimmen.

Auswertung

- Die Gruppe diskutiert, an welchen Merkmalen des Sprechens erkennbar wird, zu welcher Vorgabe der Text gehört.

- Es kann auch analysiert werden, welche Darstellung am glaubwürdigsten ist und aus welchen Gründen. Hat es mit der Person des Sprechers zu tun? Mit dem Inhalt des Textes? Mit der Situation?

Die paraverbalen Merkmale der Sprache (Melodie, Klang, Tonhöhe, Spannung ... der Stimme) kann man besonders gut erkennen lernen, wenn man sie vom Inhalt getrennt wahrnimmt.

Varianten

- Man kann statt eines bedeutungshaltigen Textes auch ein erfundenes Nonsenskauderwelsch verwenden.

- Einfacher wird die Übung, wenn vorher einige eindeutige Situationen vorgegeben werden, aus denen die Sprechenden eine auswählen.

Stimmungsbarometer

	Einzeln Klasse	20 Min.	ab 1. Sj.

Ziel: seine Stimmung wahrnehmen und ausdrücken — Gestik, Nonverbales — G 7

Das Zusammenleben wird in unserer Gesellschaft stark durch nichtsprachliche Zeichen, durch Bilder und Piktogramme geprägt. Viele Lehrpersonen nehmen das Prinzip auf, indem sie z.B. den verlangten Lärmpegel im Klassenzimmer durch die Farben grün (Kommunikation erlaubt), gelb (Flüstern erlaubt) und rot (Sprechverbot) anzeigen.
Bei der folgenden Idee geht es darum, dass auch die Kinder ihre Stimmung und ihr Bedürfnis äußern können.

Aufgaben (Auswahl)

- Stellt ein persönliches Stimmungsbarometer her, indem ihr auf einem Würfel sechs verschiedene Lachmännchen aufklebt. Dasjenige, das eure gegenwärtige Stimmung anzeigt, liegt oben.

- Wir gestalten ein Klassen-Stimmungsbarometer: Auf einem langen Kartonstreifen wird das Wetter dargestellt, vom Sonnenschein über leichte Bewölkung bis zum Gewitter. Jedermann hat eine persönliche Wäscheklammer, die er am Ort seiner Stimmung anklemmen kann.

- Als Blitzlicht: Setzt euch in euren Bänken so hin und schaut so drein, dass eure augenblickliche Stimmung sichtbar wird.

Lehrpersonen sollten über die Gestimmtheit und damit die Aufnahmefähigkeit der Schülerinnen und Schüler im Bild sein. Oft lassen sich Stimmung und Lernbereitschaft durch eine «Einstimmung» verbessern.

Für Einzelne kann es entlastend sein, die Befindlichkeit äußern zu dürfen. Andere möchten eher nicht über ihre Gestimmtheit sprechen. In jedem Fall muss ein Gespräch über sich selber freiwillig sein, ein Angebot bleiben; es darf nicht erzwungen werden.

Körpersprache	Gruppe Klasse	20 Min.	ab 1. Sj.
Ziel: sich der Körpersprache bewusst werden	Gestik, Nonverbales		G 8

Pantomimisch werden – je nach Erfahrung und Fähigkeit der Schülerinnen und Schüler – Tätigkeiten oder Ereignisse dargestellt, Geschichten erzählt oder Aufträge erteilt.

Aufgaben (Auswahl)

- Tätigkeiten erraten: Eine Schülerin / ein Schüler erhält auf einem Zettel die Aufgabe, eine Tätigkeit darzustellen.

- Die Gruppe sucht Redewendungen oder Sprüche, die sie pantomimisch darstellen kann.

- Jede Gruppe sucht ein Lied, das dargestellt werden kann, und bereitet eine Pantomime dazu vor.

- Die Klasse hat mehrere Geschichten kennen gelernt. Jede Gruppe wählt eine aus und bereitet dazu eine Pantomime vor.

- Die Klasse hat ein geschichtliches Thema oder ein Thema aus der Religionskunde (Josefsgeschichten o.Ä.) bearbeitet. Zum Abschluss führen Gruppen den anderen Szenen daraus pantomimisch vor.

Auswertung

- Woran haben die Zuschauenden erkannt, worum es ging?
- Was war für die Darsteller einfach, was schwierig auszudrücken?

Spielformen mit pantomimischer Darstellung sind in den unteren Klassen beliebt. Das Ergebnis kann erraten und gerufen werden, oder aber, was weniger Unruhe mit sich bringt: Die Zuschauenden notieren ihre Lösungsidee und vergleichen sie am Schluss.

Auswerten von Gruppenprozessen	Gruppe	45 Min.	ab 6. Sj.
Ziel: Auswertungsgespräch vorbereiten	Gestik, Nonverbales		G 9

Oft sind Gruppenprozesse leichter auswertbar, wenn eine nonverbale Darstellung vorausgeht.

Aufgabe

Jedes Gruppenmitglied stellt auf einer Zeitachse dar, wie es den Prozess erlebt hat, z.B.

- – meine Beteiligung (blaue Linie)
- – Qualität meiner Beiträge (rote Linie)
- – meine Stimmung (grüne Linie)

Auswertung

- Wo gibt es Übereinstimmungen / Abweichungen?
- Sind Hinweise auf die Gruppenprozesse erkennbar, z.B.
  - – Höhepunkte / Krisen in der Gruppe.
  - – Verlaufen die Kurven ähnlich, oder hat die Aktivität der einen Passivität anderer bewirkt?

Variante

Statt persönlicher Beiträge wird dargestellt, wie die Arbeit der ganzen Gruppe erlebt worden ist.

Eine Kurve vermag klar und einfach grafisch darzustellen, wie ein Prozess beurteilt wird. Verschiedene Aspekte können – anders als im Gespräch – gleichzeitig nebeneinander sichtbar gemacht werden. Die Gefahr, dass man sich in einem Detail verliert, wird gemindert.

Der Vergleich der Kurven regt zum Gespräch an.

Musikband

Ziel: Signale der Zusammenarbeit wahrnehmen lernen   Gestik, Nonverbales   G 10

In Situationen wie in einer Musikgruppe ist es für das Gelingen der Zusammenarbeit ganz entscheidend, dass wir sehr genau auf die nonverbalen Signale anderer reagieren.

Aufgabe

- Die Klasse wird in Gruppen aufgeteilt (Quartette, Trios, Quintette, Jazz- oder Rockband usw.).
- Jede Gruppe kann absprechen, wer welches fiktive Instrument spielt und was für Musik sie pantomimisch spielen will.
- Dann wird geprobt: das Stück wird lautlos mehrmals durchgespielt, bis alle Einsätze, Fortführungen etc. klappen.
- Die Gruppen spielen vor den anderen ihr Stück vor.
- Die Zuhörenden sollen erraten
  - wer welches Instrument spielt
  - was für eine Art Musik die Gruppe spielt

Auswertung

- Welche der Gruppen hat besonders gut zusammengespielt?
- Durch welche Signale der Gestik und Mimik ist es den Spielenden gelungen, die Einsätze, den Takt und das ganze Zusammenspiel zu koordinieren?

Varianten

1 Es kann auch abgesprochen werden, dass ein Mitspieler die Rolle desjenigen hat, der immer mal wieder falsch spielt, den Einsatz nicht trifft, etc. Die Zuschauenden sollen dann herausfinden, welches Mitglied der Musikgruppe „aus der Reihe tanzt".

2 Statt der Zusammenarbeit beim Musikspielen kann auch die Zusammenarbeit beim Umziehen («Möbelpacker») oder die Zusammenarbeit beim Kochen («Wohngemeinschaft») oder beim Zeltlager («Zelt aufbauen») oder ein Mannschaftsspiel («Volleyball») als Anlass der pantomimischen Zusammenarbeit gewählt werden.

Ich-Zustände	Partner Gruppe	45 Min.	ab 7. Sj.
Ziel: Verhaltensweisen zu verstehen versuchen	hinterfragen		H 1

Die Transaktionsanalyse weist darauf hin, dass unsere Verhaltensweisen durch die Rollen geprägt sind, in die wir in bestimmten Situationen schlüpfen: Wir reagieren
- als Kind (Kindheits-Ich): spontan, augenblicklichen Bedürfnissen folgend
- als Elternteil (Eltern-Ich): geprägt durch Normen, die uns die Eltern beibrachten
- als souveräne und selbstbewusste Person (Erwachsenen-Ich)

Jeder Ich-Zustand ist an bestimmten verbalen und nichtverbalen Signalen erkennbar.

Aufgabe

- Überlegt zunächst, welche Verhaltensweisen (Sprache / Körpersprache) für die verschiedenen Ichzustände charakteristisch sind.
- Stellt Listen zusammen, vergleicht und diskutiert sie.
- Beobachtet Gesprächssituationen (z.B. im Fernsehen) und schätzt den jeweiligen Ichzustand der Rolle einer Person ein.
- Beobachtet euch selber: Gibt es Situationen, in denen ihr eher das Kind oder die Eltern in euch zu Wort kommen lasst? In welchen Situationen bemüht ihr euch, mit dem Erwachsenen-Ich zu agieren?

Auswertung

Diskutiert, inwiefern diese Theorie das Verständnis fördern kann.

Bestimmte Verhaltensweisen gelten als typisch kindlich:

- *lachen, hüpfen, tanzen, stampfen, schmollen, beleidigt sein, aggressiv reagieren, weinen, neugierig sein, erforschen, bewundern …*
Kennzeichen: viel Bewegung, offene Körperhaltung.

Bestimmte Verhaltensweisen gelten als typisch elternbezogen:

- *«Das ist so. Das macht man so. So geht das. So geht es nicht. Das darf man. Das weiß doch jeder. Das ist verboten. Tu das nicht!»*

- *Nonverbale Merkmale: verschränkte Arme, Zeigefinger erhoben, auf die Schultern klopfen …*

Transaktionen	Partner Gruppe	45 Min.	ab 7. Sj.
Ziel: Verhaltensweisen einzuordnen versuchen	hinterfragen		H 2

Die Übung schließt an die Wahrnehmung der Ich-Zustände an (H 1). Hier steht die Frage im Vordergrund, wie wir auf ein bestimmtes Verhalten eines Partners oder einer Partnerin reagieren. Nach Eric Berne kann man auf eine Äußerung z.B. des Kindheits-Ich ebenfalls mit dem Kindheits-Ich reagieren (= einfache Transaktion), oder man reagiert mit einem anderen Ichzustand (= gekreuzte Transaktion) oder aber man schiebt einen Ichzustand vor (= verdeckte Transaktion), d.h. man sagt etwas anderes als man meint.

Aufgaben

Versucht solche Transaktionen zu erkennen, z.B. wenn die Lehrperson zu Schülerinnen oder Schülern, die eine Arbeit zeigen, sagt:

- Deine Arbeit gefällt mir.
- Das ist mehr, als ich von dir erwartet hätte.
- Mit diesem Pfusch soll ich zufrieden sein?
- Hier könntest du noch ergänzen, dann ist alles o.k.
- Ich schlage vor, dass du hier noch ergänzt, was meinst du?
- So ein Geschmiere, das hast du ja nun wieder ganz toll gemacht.

Beobachtet Gesprächssituationen (z.B. auch im Fernsehen) und schätzt die Transaktionen zwischen den Personen ein.

Beobachtet euch selber: Gibt es Situationen, in denen ihr eher mit einfacher, mit gekreuzter oder mit verdeckter Transaktion reagiert?

Für diese Aufgabe können Videobeispiele nützlich sein.

Entscheidend ist nicht, was man sagt, entscheidend ist, was der andere hört.

Die meisten gekreuzten Transaktionen ergeben sich, wenn ein Partner sich kritisiert fühlt, wenn er eine Äußerung als Angriff eines Eltern-Ich auf sein Kinder-Ich deutet und die Botschaft hört: «Du bist nicht o.k., du solltest ...».

Verdeckte Transaktionen, besonders in Form ironischer oder gar sarkastischer Bemerkungen, sind in der Beziehung Erwachsener zu Kindern besonders gefährlich, weil Kinder sie nicht durchschauen können, aber intuitiv spüren, dass sie als Person ausgelacht und abgewertet werden.

Was will er? Was will sie?	Gruppe	30 Min.	ab 5. Sj.
Ziel: über die mögliche Absicht eines Sprechers nachdenken lernen	hinterfragen		H 3

Gespräche haben einen Zweck. Dieser ist aber oft nicht einfach zu erkennen. Bei dieser Aufgabe geht es einerseits darum, Vermutungen über die Absicht eines Sprechenden anzustellen, und andererseits nachzufragen, wenn man nicht sicher ist.

Aufgaben

- Zeichnet Gespräche (z.B. aus einer bekannten Fernsehserie) mit Video auf. Stellt Vermutungen an über die offene oder verborgene Absicht der Gesprächsteilnehmenden.

- Sammelt Ideen, was man mit einer Aussage, einem Gesprächsbeitrag beabsichtigen könnte. (Diese Absichten sind den Sprechenden selber nicht immer bewusst!)

- Spielt ein Gespräch, in dem ihr eure Absicht geschickt ausdrückt / versteckt.

Hinweis

Die Aufgabe ist nicht unproblematisch: Einerseits soll bewusst werden, dass dem Handeln eine Absicht zu Grunde liegt; andererseits muss vermieden werden, dass den Sprechenden vorschnell andere (unlautere) Motive unterstellt werden.

Was man in einem Gespräch beabsichtigen könnte:

- *einen neuen Gesichtspunkt ins Gespräch bringen*
- *etwas besser verstehen durch kritische Rückfragen*
- *eine Gegenposition vertreten*
- *etwas mitteilen, um andere zu beeindrucken, um wahrgenommen oder bewundert zu werden*
- *andere bestätigen*
- *andere von seiner Ansicht überzeugen*
- *sich selber in ein gutes Licht rücken*
- *anderen etwas Gutes tun (trösten / verwöhnen …)*
- *…*

Sachzwänge	Partner Gruppe	30 Min.	ab 7. Sj.
Ziel: Wendungen erkennen, die Objektivität unterstellen	hinterfragen		H 4

Äußerungen können objektiv oder subjektiv sein: Objektives lässt sich überprüfen, über Subjektives lässt sich streiten. Nun verbergen aber viele Menschen ihren Standpunkt, indem sie ihm den Anschein der Objektivität geben. Dies wird oft an bestimmten Redewendungen deutlich.

Aufgaben

- Kennt ihr Redewendungen, die eine Objektivität vorgeben?

- Untersucht und diskutiert die folgenden Äußerungen:
  - Im Kleidergeschäft: «Das trägt man heute so.»
  - Chef: «Die Sachzwänge erlauben keine Lohnerhöhungen.»
  - Schulinspektor: «Die heutige Didaktik verlangt dies.»
  - Politiker: «Es ist wissenschaftlich erwiesen ….»

- Sammelt Aussagen und versucht sie nach dem Wirklichkeitsgrad zu ordnen: A subjektiv / B objektiv / C scheinobjektiv. Am Ende vergleicht und diskutiert ihr die Lösungen.

- Fertigt eine Liste mit Wörtern und Wendungen an, bei denen man genau überlegen muss, ob sie nicht eine subjektive Meinung hinter einem ungerechtfertigten Objektivitätsanspruch verbergen.
  - «Wie wir alle wissen …»
  - «In dieser Sache ist man der Meinung, dass …»

Es braucht etwas Übung, bis man objektive Darstellungen von subjektiven Meinungen unterscheiden kann. Hilfreich sind Fragen wie z.B.:

- *Lässt sich die Behauptung nachweisen?*
- *Worauf beruht diese Annahme?*
- *Was will der / die Sprechende damit bewirken?*
- *Wie sähen andere Lösungen aus?*
- *Wer ist mit «man» oder «alle» gemeint?*
- *Kann dieser Standpunkt verallgemeinert werden?*

Gespräche beobachten	Gruppe Klasse	30 Min.	ab 4. Sj.
Ziel: Gesprächsstörungen erkennen lernen	hinterfragen		H 5

Aus der Beobachtung von Gesprächen kann man lernen, sein Gesprächsverhalten kritisch zu hinterfragen. Für die folgende Aufgabe sollen Beispiele zur Verfügung stehen. Man kann sie übernehmen (Video- oder Tonbänder von Fernseh- oder Radiosendungen) oder im Rollenspiel spielen lassen.

Aufgabe

Wählt ein Gespräch, das problematisches Verhalten sichtbar werden lässt. Untersucht das Gespräch und diskutiert im Anschluss die problematischen Situationen. Beispiele:

- Aneinander vorbei reden: Jede Person sieht nur ihre Auffassung.

- Vorwürfe: Die Personen reagieren empfindlich / verletzt und machen einander Vorwürfe.

- Drängen: Die eine Person will unverzüglich zu einem Ergebnis kommen, die andere zögert.

- Unsachlichkeit: Beiträge haben nichts mit der Sache zu tun.

- Abschweifung: Der eine Partner bleibt beim Thema, der andere schweift ab.

- Rechthaberei: Beide Personen pochen darauf, dass sie im Recht sind.

- Verdecken: Eine Person hält ihre Meinung verdeckt, signalisiert aber, dass sie eine andere Meinung hat als die andere.

Für das Spiel müssen Rollenbeschreibungen vorbereitet werden. Man stellt klar, dass hier eine Rolle übernommen und nicht die eigene Auffassung ausgedrückt wird. Die Rolle kann auf eine Karte geschrieben werden, die der Rollenträger vor sich aufstellt.

Die Zuschauenden können im Anschluss an das Rollenspiel auch gefragt werden, welche Probleme dargestellt wurden.

Gespräche beurteilen

| | Gruppe Klasse | 30 Min. | ab 4. Sj. |

Ziel: Kriterien für die Beurteilung von Gesprächen bewusst machen — hinterfragen — H 6

Gesprächsverhalten kann beurteilt werden. Die Kriterien sollen selber gefunden und zusammengetragen werden.

Die Übung bietet sich im Anschluss an Gespräche im Klassenrat oder in der Arbeitsgruppe an, besonders dann, wenn die Gespräche nicht befriedigend verlaufen sind. Als Studienobjekt eignen sich sowohl eigene Gespräche (auf Video aufgezeichnet oder von anderen Personen beobachtet und festgehalten) wie auch Fremdgespräche.

Aufgaben (Auswahl)

- Sammelt Beobachtungskriterien für das Verhalten der Teilnehmenden in Gesprächen. Analysiert das Gesprächsverhalten anhand dieser Kriterien.
- Übung. Die eine Gruppe erprobt in einem Gespräch bestimmte Verhaltensweisen, die andere beobachtet und beurteilt das Gesprächsverhalten.
- Nehmt eine Rolle an und führt ein Gespräch. Im Anschluss sollen die Beobachtenden eure Rolle möglichst genau beschreiben.

Auswertung

Diskutiert unterschiedliche Verhaltensweisen. Welche erlebt ihr als passend, bei welchen fühlt ihr euch nicht wohl?

Mögliche Gesichtspunkte:

- *Länge der Beiträge*
- *Beteiligungsgrad*
- *Verständlichkeit der Beiträge*
- *Originalität der Gedanken*
- *Überzeugungskraft*
- *Konzentration auf das Thema*
- *Eingehen auf die Vorredner*
- *Offenheit für andere Gedanken*
- *Pauschalurteile*
- *Kompromissbereitschaft*
- *Ermutigung anderer*
- *Lebhaftigkeit des Sprechens*
- *offener Blick in die Runde*
- *redet kurz und präzise*
- *...*

Wo klemmt's?	Gruppe Klasse	45 Min.	ab 6. Sj.
Ziel: Kommunikationshemmer in der Klasse erkennen	hinterfragen		H 7

Während sich die Kinder der Primarstufe meist leicht für Gesprächsthemen begeistern lassen, verlaufen Gespäche in höheren Klassen oft nur mehr schleppend. Manchmal ist es im Klassenverband anders als in der Gruppe. Es lohnt sich, nach Kommunikationshemmern zu suchen.

Aufgabe

- Alle notieren während zwei Minuten, was ihre mündliche Mitarbeit im Augenblick hemmt.

- Dann werden die Gesprächshemmnisse reihum vorgestellt, wobei im ersten Durchgang nur das wichtigste Hemmnis erwähnt und erst in einer zweiten Runde mit anderen Gesichtspunkten ergänzt wird.

- Arbeitet die Klasse in Gruppen, kann jede Gruppe ihre Hemmnisse auf einem Plakat bildlich darstellen. Die Gesprächsleitung ordnet die Hemmnisse
  – das Thema / den Stoff betreffend
  – die Gruppe betreffend (Lehrperson eingeschlossen!)
  – die äußern Umstände betreffend.

Auswertung

In einer nächsten Runde werden Lösungsideen gesammelt. Auch diese können auf Plakaten sichtbar gemacht werden.

Die Aufgabe kann gut eingesetzt werden, wenn sich ein Gespräch in der Klasse oder in einer Gruppe nicht richtig entfaltet. Oft kommt man im Anschluss daran auf andere Lern- oder Kommunikationsformen, die den Beteiligten im Augenblick fruchtbarer erscheinen.

Das Vorgehen eignet sich auch gut für Sitzungen des Klassenrates.

Rationalisieren	Partner Gruppe	30 Min.	ab 5. Sj.
Ziel: Ablenkungen und Rationalisierungen erkennen lernen	hinterfragen		H 8

Wenn Menschen sich über etwas abschätzig äußern, verdecken sie oft andere Motive, etwa wie der Fuchs in der Fabel, der die Trauben nicht erreichen kann und darum sagt: «Sie sind mir zu sauer.» Es ist klar, dass man in solchen Situationen wenig erreicht, wenn man darüber zu streiten beginnt, ob sie süß oder sauer seien.

Aufgaben

- Diskutiert, was hinter Äußerungen folgender Art stecken könnte:
  - Ins Hallenbad gehe ich nie, da liest man allerlei Krankheiten auf.
  - Ich rauche, weil ich es gemütlich finde.
  - Ich bin zu müde, um mit dir zu kommen./ Ich muss arbeiten. usw.

- Sucht selber weitere solche Situationen!

- Überlegt, wie man auf solche Äußerungen reagieren könnte. Erprobt im Rollenspiel unterschiedliche Arten und überlegt die Wirkung:
  - wahre Motive aufdecken: «Man weiß ja, dass du ein schlechter Schwimmer bist.»
  - Gegenbehauptung aufstellen: «Die Hallenbäder sind von Amtes wegen sauberer als dein eigenes Bad zu Hause.»
  - das Spiel übertreiben: «Es gibt sogar hygienische Todesfälle!»
  - Aussage übersehen und Thema wechseln.

- Sucht selber weitere Möglichkeiten!

Von «Rationalisieren» wird gesprochen, wenn jemand für sein Verhalten vernünftige und einleuchtende Begründungen vorgibt,. die aber beim näheren Hinsehen eher unglaubwürdig erscheinen.

Die echten Motive für Verhaltensweisen und Äußerungen liegen verborgen – gerade auch dem Betreffenden selber. Das macht die Übung heikel: Es darf nicht darum gehen, auf der Lauer zu liegen und überall unlautere Motive und deren Rationalisierung zu wittern.

O.k. ist, wer ...

	Gruppe	30 Min.	ab 6. Sj.

Ziel: Wertvorstellungen erkennen lernen.   hinterfragen   H 9

Mit Hilfe dieser Übung sollen Wertvorstellungen und Haltungen besser erkannt und wenn nötig bewusst gemacht werden können.

Aufgabe

- Beobachtet das Gespräch einer anderen Gruppe und versucht die Wertmaßstäbe und Normen der Teilnehmenden zu erkennen. Achtet dabei auf z.B. folgende Aspekte:
  - Wofür werden Menschen bewundert?
  - Wofür werden Menschen kritisiert?
  - Wie setzen sich Menschen in ein vorteilhaftes Licht?
- Sucht weitere Wertvorstellungen, die in Gesprächen sichtbar werden.
- Besprecht eure Beobachtungen mit anderen Beobachtenden.

Auswertung

Diskutiert, in welchen Worten oder in welchem Verhalten bestimmte Wertvorstellungen deutlich geworden sind.

Die Beurteilung des menschlichen Verhaltens kann zwischen zwei Polen angesiedelt werden:

- *Im einen Extrem wird alles akzeptiert, d.h. als etwas Gegebenes unbewertet zur Kenntnis genommen.*

- *Im anderen wird alles und jedes bewertet, sei dies positiv oder negativ.*

Ein Problem dieser Übung ist, dass eine Gesprächsgruppe es in der Regel als störend empfindet, wenn sie beobachtet wird. Werden die Beobachtungsgesichtspunkte aber im Voraus angekündigt, beeinträchtigt dies die Spontaneität.

Die Übung wird darum oft mit aufgezeichneten Gesprächen durchgeführt.

Persiflage

Ziel: Muster übertreiben und dadurch besser sichtbar machen | hinterfragen | H 10

Im übertreibenden Spiel, der Persiflage, können individuelle Kommunikationsmuster aufgedeckt werden – eine Grundlage für Reflexion und Weiterentwicklung.
In kurzen Spielszenen sollen Elemente der alltäglichen Unterrichtsgespräche nachgespielt werden. Es darf dabei auch leicht übertrieben werden, es soll aber nicht verletzend werden.

Aufgabe

- Bildet Gruppen; sie sollen so groß sein, dass alle eine Rolle übernehmen können.
- Sprecht eine Szene ab, wie ihr sie aus der Schule kennt; probt die Elemente und stellt dabei bestimmte Muster übertrieben dar.
- Spielt den anderen die Szene vor, ohne zu sagen, worum es geht.
- Im Anschluss äußern sich die Zuschauenden:
  – Wie haben wir die Szene erlebt?
  – Was könnte die Gruppe beabsichtigt haben?
- Jetzt erläutert die Spielgruppe ihre Absichten.

Auswertung

Im Anschluss daran kann darüber diskutiert werden, wie gut die Situation erfasst und dargestellt worden ist. Haben wir dabei niemanden verletzt?

Gruppen entwickeln oft mit der Zeit festgefahrene Kommunikationsstrukturen: Die Gruppenmitglieder haben sich an feste Rollen gewöhnt.

- *Die / der Umsichtige, für alles besorgt*
- *Die / der Empfindliche, immer sofort beleidigt*
- *Clown / Clownin – alles wird schnell einmal ins Lächerliche gezogen*
- *Der / die Wortführer/in*
- *Die / der Emsige, immer aktiv, immer engagiert*
- *Der / die Distanzierte: nie den Eindruck erwecken, man lasse sich gewinnen / vereinnahmen*

Diskutiert: Gibt es in eurer Gruppe Ansätze zu solch festen Rollenübernahmen?

Bedürfnisse erkennen	Partner Gruppe	30 Min.	ab 6. Sj.
Ziel: Bedürfnisse der Gesprächspartner erkennen lernen	ich mit mir – klären		I 1

Wer die Bedürfnisse seiner Partnerin / seines Partners beachtet, kommuniziert leichter.

Aufgaben (Auswahl)

1 Beobachte, wenn du an Gesprächen teilnimmst, was dir selber wichtig ist, z.B.:
   – Will ich etwas beitragen oder nur zuhören?
   – Wie bringe ich mich ins Gespräch, wenn ich etwas sagen will?
   – Wie verhalte ich mich, wenn ich nicht durchkomme, wenn mir niemand zuhören will?
   Führe die Liste weiter mit deinen eigenen Anliegen.

2 Versuche im Verlauf des Gesprächs zu erkennen, wer etwas beitragen möchte. Verhilf ihm, ins Gespräch zu kommen.

3 Beobachtet eine Gesprächsgruppe und notiert, welche Bedürfnisse den verschiedenen Teilnehmenden wichtig zu sein scheinen.

Auswertung

• Zu Aufgabe 1: Vergleicht eure Listen mit einem Partner / einer Partnerin.

• Zu Aufgabe 2: Woran hast du erkannt, wer sich ins Gespräch einbringen wollte?

• Zu Aufgabe 3: Vergleicht eure Beobachtungen miteinander.

In einer Partnerschaft oder einer Gruppe spielen Bedürfnisse immer wieder eine wichtige Rolle, z.B.

• *beachtet und angehört werden*

• *Wertschätzung erfahren*

• *bewundert werden*

Vielleicht möchte aber auch jemand

• *einfach dabei sein, ohne selber etwas beizutragen*

• *ausdrücklich in Ruhe gelassen werden*

Sprechhemmung	Einzel	30 Min.	ab 6. Sj.
Ziel: Hilfe für die Überwindung von Sprechhemmungen	ich mit mir – klären		I 2

Mit einer Formel lassen sich Sprechhemmungen kurzfristig überwinden. Entscheidend ist, dass ich die für mich wirksame Formel finde und erprobe.

Aufgabe

- Denke darüber nach, in welchen Situationen Sprechhemmungen auftraten.
- Versuche denjenigen Gedanken zu formulieren, der die Hemmung auslöst, z.B.: «Gleich blamiere ich mich wieder!»
- Suche eine Formel, die den blockierenden Gedanken entschärft, z.B.
  – Ich mache es so gut, wie ich es eben kann.
  – Die anderen mögen mich, auch wenn ich etwas Falsches sage.
  – Was kann mir schon passieren?
- Nimm dir vor, dich in Situationen, in denen Sprechhemmungen auftreten können, aktiv zu beteiligen. Übe die Formel, bis sie wirkt.

Auswertung

- Nimmt deine aktive Teilnahme an Gesprächen zu?
- Gelingt es dir, die Hemmungen zu überwinden?
- Lass dir nach mindestens zehn Versuchen von einer Partnerin oder einem Partner beschreiben, in welcher Richtung sich dein Gesprächsverhalten verändert hat.

Sprechhemmungen entstehen wie viele andere Blockaden dadurch, dass ein negatives Selbstbild öfter bestätigt wird. Mit der gezielten Übung soll der Kreislauf durchbrochen und das Denken über die eigene Person positiv beeinflusst werden.

Das Verfahren lässt sich grundsätzlich auf andere Blockierungen übertragen, z.B.

- *Prüfungsängste*
- *Hemmungen im Umgang mit fremden Menschen*
- *Abneigung gegen bestimmte Tiere*

Verbale Gemeinheiten	Gruppe	30 Min.	ab 3. Sj.
Ziel: Umgang mit verbalen Angriffen üben	ich mit mir – klären		I 3

Auf Angriffe reagieren wir normalerweise gefühlsmäßig; es ist, als ob die Vernunft zunächst blockiert würde. Die Übung soll dazu beitragen, dass wir in solchen Situationen zuerst überlegen, wie wir reagieren wollen.

Aufgabe

- Besprecht in der Klasse Reaktionen auf verbale Angriffe, sei es anhand eines Vorkommnisses, sei es mit Hilfe einer (Bilder-) Geschichte.

- Beratet geeignete Reaktionsweisen, z.B. Zurückgeben / Ignorieren / Davonlaufen / Hilfe suchen

- Erprobt unterschiedliche Verhaltensweisen im Rollenspiel.

- Im Spiel wird B von A verbal angegriffen. Die Gruppe flüstert B die Gedanken ein, die einen Streit vermeiden helfen, z.B.
  – Der will dich nur ärgern, reagiere nicht, bleibe gelassen und ruhig.
  – Lass dich nicht provozieren, lass ihn leer laufen.
  – Wende dich etwas anderem zu, beachte ihn einfach nicht ... usw.
  B wählt von den Ratschlägen die nützlichsten aus und reagiert entprechend.

Auswertung

Haltet die nützlichsten Verhaltensweisen auf einem Plakat fest.

Beschimpfungen und andere verbale Attacken sind vor allem auf der Primarstufe an der Tagesordnung. Das erwachende Ich-Bewusstsein führt dazu, dass die Kinder ihren sozialen Rang in der Gesellschaft, der Klasse, erkämpfen und verteidigen wollen.

Wird dies nicht thematisiert, können Kinder – gerade oft die anständigeren – darunter leiden.

Entscheiden

Ziel: Möglichkeiten zur Entscheidung kennen lernen

Manchmal müssen wir uns schnell für etwas entscheiden, und wir möchten dabei möglichst keinen Fehler machen. Dazu dient die folgende Entscheidungshilfe.

Aufgabe

- Wähle eine Entscheidungssituation, in der du noch nicht weißt, wie du dich entscheiden sollst.
- Erstelle auf einem Blatt Papier ein Mehrfelderschema, bei zwei Alternativen z.B. mit 2 x 2 Feldern. Jede Entscheidungsvariante ist eine Spalte. Auf die eine Zeile kommen alle Argumente, die dafür sprechen, auf die andere alle, die dagegen sprechen.
- Notiere in beliebiger Reihenfolge Argumente, die für bzw. gegen die Varianten der Entscheidungssituation sprechen.
- Gewichte mit einem Markierstift, z.B. rot die ganz wesentlichen Gründe. Dann kannst du Pro und Kontra gegeneinander verrechnen.
- Frage dich nun, welche Variante die bessere Lösung oder wenigstens das kleinere Übel ist.

Auswertung:

Diskutiert untereinander eure Vorgehensweisen, wenn es darum geht, eine Entscheidung zu treffen.

Die Entscheidungsmatrix ist eine Hilfe, um nicht bei spontanen Entscheidungen die falschen Gründe zu hoch zu gewichten bzw. um nicht wesentliche Argumente zu vernachlässigen.

Das Gewicht der Argumente ist wichtiger als die Anzahl.

	Lösung 1	Lösung 2
pro		
kontra		

Anleitung für Handlungen	Einzeln Partner	15 Min.	ab 1. Sj.
Ziel: Hilfe des Sprechens für schwieriges Handeln erfahren	ich mit mir – klären		I 5

Nicht nur kleine Kinder leiten ihre eigenen Handlungen mit Worten an. Zum eigenen Tun zu sprechen ist besonders dann angebracht, wenn wir die Übersicht behalten wollen oder wenn es knifflig wird.

Aufgabe

- Suche dir eine Bauanleitung, ein Kochrezept, eine Gebrauchsanweisung zu einer Reihe von Handlungen, die du gerne durchführen würdest.
- Lass dir die Anweisung von deiner Partnerin / deinem Partner schrittweise vorlesen.
- Wiederhole die Worte, während du die Anleitung umsetzst. Sei dabei sehr genau und formuliere bis ins kleinste Detail.
- Wiederhole die Übung mit einer Handlung, die dir Mühe bereitet.

Auswertung

Wenn alle eine Handlungsanleitung erprobt haben, diskutiert darüber, warum dies nützlich ist für die Bewältigung kniffliger Handlungsabläufe.

Der Sinn liegt darin, die ordnende Funktion der Sprache bei der Ausführung von Handlungen zu erkennen. Sprechen verlangsamt und ordnet das Denken. Ein noch höheres Maß an Klarheit und Ordnung verlangt das Schreiben.

Sprechen und Tun sind nicht unabhängig voneinander, sondern sie hängen so zusammen, dass man die Sprache in den Dienst der Handlung stellen kann.

Heute packe ich es an!	Einzeln Partner	20 Min.	ab 5. Sj.
Ziel: unangenehme Tätigkeiten anpacken lernen	ich mit mir – klären		I 6

Hier geht es darum, sich gegen die eigene Bequemlichkeit / Ängstlichkeit für etwas zu motivieren.

Aufgabe

- Überlege dir, welche Tätigkeit du schon mehrfach auf die lange Bank geschoben hast, obwohl du längst beschlossen hattest, es endlich zu tun (das Zimmer aufräumen, einen Brief an die Tante schreiben …)
- Verfasse nun einen motivierenden, vielleicht lustigen Vorsatz dazu, z.B. «Dieser Brief muss endlich raus, sonst halt ich es nicht mehr aus».
- Sprich diesen Spruch so lange vor dich hin, bis du endlich tust, was du dir vorgenommen hast.

Auswertung

Überlege dir, warum es so mühsam war, dich für diese Tätigkeit zu motivieren. Was nimmst du dir für den Umgang mit dem nächsten Motivationsloch vor?

Variante

Du kannst den Vorsatz auch schriftlich fixieren und z.B. über das Bett an die Decke hängen, oder an den Spiegel im Badezimmer: stets sichtbar, sodass du ständig daran erinnert wirst.

Die Selbststeuerung mit Hilfe von Sprache ist ein Hilfsmittel, um sich selber zu beeinflussen, in ähnlicher Weise, wie man ja auch andere Menschen zu beeinflussen versucht. Die Versform des Vorsatzes soll dazu beitragen, die Motivation zu unterstützen.

Wandermonolog	Einzeln	20 Min.	ab 5. Sj.
Ziel: sich beim Umhergehen etwas einprägen	ich mit mir – klären		I 7

Beim Umhergehen können wir einerseits unsere Gedanken klären, etwa wenn wir in einer Arbeit nicht mehr weiterkommen. Andererseits kann Umhergehen eine Hilfe sein, wenn wir ein Referat memorieren müssen.

Aufgabe

- Stelle Dir vor, du würdest jemandem deine Gedanken mitteilen, dein Referat halten. Stelle dir dieses Gegenüber genau vor.
- Sprich laut und frei zu diesem Menschen. Gehe dabei im Zimmer umher oder durch den Wald.
- Ordne deine Gedanken und verbinde sie zu einem Referat. Formuliere sie auf deinem Weg. Dieser sollte genau eingeteilt werden: Beim ersten Gedanken bis zur Stelle X, beim zweiten zur Stelle Y …
- Gehe später aus der Erinnerung den gleichen Weg mit allen Stationen in Gedanken noch einmal durch und denke bei jeder Station an den entsprechenden Gedanken aus deinem Referat / deiner Erklärung.
- Ordne die Stationen deines Weges in einer grafischen Übersicht und schreibe die Gedanken deines Referats dazu. So entsteht eine Art Gedankenplan (mindmap).

Auswertung:

Gelingt es, die Stationen des Weges derart mit den Gedanken des Referats zu verbinden, dass dir bei jeder Station der entsprechende Gedanke einfällt? Dient das «mindmap» als Gedankenstütze?

Heinrich von Kleist hat bereits darauf verwiesen, dass sich durch das laute Sprechen die Gedanken allmählich klären und „zusammenbauen" lassen. Dieser Zusammenhang zwischen Denken und Sprechen wird als Arbeitstechnik genutzt.

Bei dieser Übung wird der Verlauf der Gedanken zusätzlich mit der Vorstellung von verschiedenen Orten verbunden. Dies soll das Erinnern erleichtern.

Variante

Noch besser können wir unsere Gedanken entwickeln, wenn wir einen geduldigen Zuhörer haben, der sich für unsere Gedanken interessiert.

Zwei Seelen in meiner Brust

| | Einzeln | 20 Min. | ab 5. Sj. |

Ziel: Meinungsbildung üben

ich mit mir – klären   I 8

Hier geht es darum, sich einen persönlichen Zwiespalt bewusst zu machen, um Grundlagen für die Meinungsbildung zu erarbeiten.

Aufgabe

- Wähle ein Thema, bei dem du nicht weißt, wie du entscheiden würdest oder entscheiden sollst.
- Stelle zwei Stühle einander gegenüber, wie wenn zwei Personen einander gegenüber sitzen wollten.
- Setze dich nun auf einen der Stühle und überlege genau die eine Seite: «Einerseits ist es so, dass …». Formuliere frei vor dich hin.
- Wenn dir nichts mehr einfällt, wechselst du den Stuhl und beginnst, in der zweiten Sichtweise zu denken: «Andererseits ist es so, dass …»
- Immer wenn du merkst, dass dir Überlegungen zur anderen Seite in den Sinn kommen, wechselst du den Stuhl. So hast du die zwei Sichtweisen auf die beiden Stühle verteilt.
- Stelle dich zum Schluss zwischen die beiden Stühle und überlege, welcher dich mehr anzieht, wo du dich wohler fühlst, wem von den beiden Personen du eher ähnlich sein möchtest.
- Setze dich auf den gewählten Stuhl und male dir die Vorzüge dieser Sichtweise aus.

Manchmal braucht es für diese Übung einen Moderator, der dafür sorgt, dass

- *wirklich der Stuhl gewechselt wird, wenn die Sichtweise ändert,*
- *reflektiert wird, womit es zu tun hat, dass wir zwischen den beiden Sichtweisen hin und her gerissen werden,*
- *diese Übung nicht abgebrochen wird, bevor es zu einer Klärung gekommen ist.*

Dieser Moderator kann eine Lehrperson oder ein vertrauter Mitschüler sein.

Sich gut fühlen	Klasse	20 Min.	ab 1. Sj.
Ziel: seine Gestimmtheit positiv beeinflussen lernen	ich mit mir – klären		I 9

«Glück hängt nicht davon ab, wer man ist oder was man hat, sondern nur davon, was man denkt.» Für viele Menschen ist dieser Gedanke von Dale Carnegie zunächst fremd: Wird denn unsere Befindlichkeit nicht durch hundert äußere Einflüsse gesteuert, vom Wetter bis zur Laune des Chefs? Wir denken, der Versuch, mit seinen Gefühlen und Gedanken eigenverantwortlich umzugehen, lohnt sich.

Aufgabe

- Schreibe in die linke Spalte eines Papierblattes untereinander alles auf, was dich im Augenblick daran hindert, dich gut zu fühlen.

- Überlege jetzt zu jeder Notiz, welches die gute Seite dieser Sache sein könnte, und schreibe sie in der rechten Spalte dazu.

Beispiele:

Ich habe keine Freundin — *Ich bin frei und offen für neue Beziehungen*

Ich fühle mich niedergeschlagen und schlapp — *Mein Körper ist gerade in einer Ruhe- und Erholungsphase*

Ich bin ein Morgenmuffel — *Meine Laune wird im Verlauf des Tages immer besser*

Auswertung

Tauscht miteinander Möglichkeiten der positiven Beeinflussung aus.

Die Übung sollte immer wieder gemacht werden. Ziel ist es, zu wissen, dass man schlechten Gefühlen nicht einfach ausgeliefert ist, sondern Möglichkeiten hat, sie wegzustecken und sich selber positiv zu stimmen.

Emotionen und Vernunft

Ziel: vernünftig reagieren lernen

Der Mensch ist von der Natur für eine schnelle Reaktion ausgestattet. Automatismen stellen bei Gefahr in kürzester Zeit Energien für einen Kampf bereit. Nur: Die Vernunft bleibt in einer ersten Phase ausgeschaltet. Damit man im Affekt nicht unkontrolliert reagiert, wird empfohlen, vor jedem Reagieren zunächst dreimal leer zu schlucken. Dies soll der Vernunft ermöglichen, klärend einzugreifen.

Aufgaben (Auswahl)

- Rufe dir Situationen in Erinnerung, in denen du stark emotional reagiert hast. Versuche sie zu rekonstruieren und suche vernünftigere Lösungen.

- Analysiert in gespielten Szenen (Theater, Filme) solche Situationen und überlegt euch geeignete Verhaltensweisen.

- Überlegt, wie ihr handeln wollt, wenn eure Gesprächspartner beim nächsten Mal emotional reagieren. Erprobt verschiedene Formen.

- Spielt eine Familienszene (Anschaffung, Urlaubsziel usw.). Jemand verhält sich aggressiv; jemand spielt das Problem herunter; jemand möchte vermitteln; jemand lenkt ab.

Auswertung

- Diskutiert nach den Rollenspielen, wie ihr euch gefühlt habt.
- Diskutiert über geeignete Methoden, kontrolliert zu reagieren.

Emotionales Verhalten lässt sich oft beobachten. Emotionen sind zunächst als Faktum zu akzeptieren, d.h., es bringt nichts zu sagen: «Sei doch nicht so eingeschnappt». Hingegen darf man Gefühle durchaus ansprechen: «Das bringt dich ja richtig in Wut – was sollen wir in dieser Situation machen?»

Gesprächsregeln erarbeiten	Gruppe Klasse	30 Min.	ab 1. Sj.
Ziel: Gesprächsregeln gemeinsam erarbeiten	Konflikte lösen		K 1

Jede Gesprächskultur beachtet bestimmte Regeln. Diese passen sich den Teilnehmenden und der Situation an. Sie sind auch kulturell unterschiedlich; so gilt etwa ein überlappender Sprecherwechsel in Deutschland als Zeichen lebhafter Anteilnahme, während Schweizer ihn eher als unanständig (einem das Wort abschneiden) empfinden.

Wichtig ist, dass die Gruppe ihre Gesprächsregeln selber festlegt.

Aufgabe

- Diskutiert Regeln, die für das Gesprächsverhalten in der Klasse Geltung haben sollen. Notiert jene Regeln, auf die ihr euch habt einigen können, und präsentiert sie den anderen.

- Jede Gruppe stellt ihre wichtigste Regel vor und begründet sie. Ist eine Regel bereits genannt, kann die nächste vorgestellt werden, bis alle vorliegen.

- Jetzt entscheidet die Klasse, welche der vorgestellten Regeln als Klassenregeln für alle verbindlich sein sollen.

- Diese werden schließlich auf einem Plakat im Schulzimmer aufgehängt.

Eine Mittelstufenklasse hat folgende Regeln beschlossen:

- *einander ausreden lassen*
- *den anderen zuhören*
- *niemanden auslachen*
- *sich kurz fassen*
- *zuerst andere reden lassen, bevor man wieder selber das Wort ergreift*
- *sagen, was einen stört, statt Vorwürfe machen*
- *beim Thema bleiben, nicht abschweifen*
- *auf das eingehen, was andere gesagt haben*
- *die anderen ansehen*

Minderheitenschutz

Klasse	30 Min.	ab 5. Sj.

Ziel: Rücksicht nehmen | Konflikte lösen | K 2

Der vorgeschlagene Weg der Entscheidungsfindung in einer Schulklasse dient vor allem dem Schutz von Minderheiten, die nicht einfach überstimmt werden, sondern berücksichtigt werden sollen.

Aufgabe

• In einem Klassenrat werden von der Gruppe mehrere Möglichkeiten gesammelt, wie eine Entscheidung getroffen werden könnte.

• Dann wird jeder Vorschlag notiert und bei jedem Vorschlag lediglich gefragt, wer dagegen ist. Alle haben ein Vetorecht, jeder Schüler und auch die Lehrperson.

• Es werden nötigenfalls so lange Vorschläge gesammelt, bis ein Vorschlag gefunden wird, gegen den niemand das Veto einlegt.

• Unter mehreren Vorschlägen ohne Veto kann nach üblichem Mehrheitsverfahren entschieden werden.

Auswertung

Die Klasse diskutiert, ob auf diese Weise die beste Lösung gefunden worden ist und ob sich der Aufwand für die Suche nach konsensfähigen Vorschlägen gelohnt hat.

Diese radikale Form des Minderheitenschutzes ist nur in überschaubaren Gruppen realisierbar, in denen alle einander kennen.

Varianten

1. Falls kein Vorschlag die Zustimmung aller findet, kann derjenige aus einer Reihe von Vorschlägen gewählt werden, bei dem es am wenigsten Vetostimmen gibt.

2. Diejenigen, die vom Vetorecht Gebrauch machen, dürfen sagen, wie der Vorschlag abgeändert werden müsste, damit sie zustimmen können. Dies soll den Weg zu konsensfähigen Vorschlägen abkürzen.

Konferenz	Gruppe Klasse	30 Min.	ab 4. Sj.
Ziel: konferieren lernen	Konflikte lösen		K 3

Die Konferenz dient dazu, eine gemeinsame Position auszuhandeln. Häufig sind Konferenzen aus Teilnehmenden zusammengesetzt, die bestimmte, oft kontroverse Ansätze vertreten, sowie aus Unentschiedenen.

Aufgaben (Auswahl)

- Führt in Gruppen oder in der Klasse (unter dem Vorsitz des Klassenchefs) ein freies Konferenzgespräch zu einem Thema, das für möglichst viele von euch bedeutsam ist, z.B.
  - Wohin soll die Schulreise gehen?
  - Wie kann das Klima in der Klasse verbessert werden?
  - Was können wir selber gegen die Umweltzerstörung unternehmen?
- Als Spielform könnt ihr Rollen beschreiben, welche die Konferenzteilnehmenden spielen sollen. Vor den Betreffenden werden sogenannte «Rollenkarten» aufgestellt.

Als Spielregel kann verlangt werden, dass jeder Gesprächsbeitrag sich auf den vorangegangenen beziehen muss. Dieser wird aufgenommen und durch einen weiteren Gesichtspunkt gestützt oder aber kritisch in Frage gestellt.

Auswertung

Wie können wir als Klasse unser Konferenzverhalten noch verbessern?

Der Ablauf einer Konferenz ist standardisiert:

1 Der / die Vorsitzende erläutert das Problem.

2 Es folgen Beiträge, die die Positionen sichtbar machen. Sie haben zum Zweck, die Unentschlossenen für sich zu gewinnen.

3 Zwischendurch fasst die / der Vorsitzende zusammen. Bei unsachlichen Beiträgen wird ermahnt.

4 Am Ende erfolgt eine Abstimmung bzw. eine Klärung, wo man steht und wie es weitergehen soll.

Planspiel	Klasse	120 Min.	ab 4. Sj.
Ziel: Positionen einnehmen und vertreten lernen	Konflikte lösen		K 4

Gesellschaftliche Fragen werden in der Öffentlichkeit diskutiert mit Konferenzen, Hearings, Zeitungsberichten …

Aufgabe

- Eine Vorbereitungsgruppe plant ein Planspiel zu einem Thema.
- Sie legt fest, wer Entscheidungsträger ist und welche Gruppierungen Einfluss nehmen sollen.
- Für jede Gruppierung wird ein Profil und eine Aufgabenbeschreibung festgelegt. (Presse nicht vergessen!)
- Der Ablauf wird grob skizziert, ein Drehbuch erstellt.

Spielverlauf

- Öffentliche Orientierung aller Interessierten und Beteiligten durch die Spielleitung.
- Parteien und Gruppierungen studieren ihre Rollen sowie die Aufgabenbeschreibung. Sie beraten Vorgehen und Aktionen.
- Aktionen der Gruppen (evtl. koordiniert durch die Leitung).
- Verhandlungen bei den Entscheidungsträgern.
- Entscheidungsfindung und -begründung.
- Evtl. Einspruch, Rückkommensanträge und erneute Beurteilung..

Beispiele für Themen

- *Soll in der Stadt mit öffentlichen Geldern ein Zoo / eine Skateboardanlage errichtet werden?*
- *Tempo 30 in unserer Wohngemeinde*
- *Privatisierung der Schule*
- *Freiwilliger Unterrichtsbesuch*

Mögliche Aktionen (Rollenspiel)

- *Versammlungen durchführen*
- *Schriftliche Informationen an Medien, evtl. Flugblätter*
- *Hearings und Diskussionen mit der gegnerischen Position*
- *Motionen und Petitionen in politischen Gremien*
- *Konferenzen*
- *Begründung und Durchsetzung der Entscheide*

Einmischung	Partner Gruppe	20 Min.	ab 6. Sj.
Ziel: Kommunikationsbedürfnisse erkennen lernen	Konflikte lösen		K 5

Nicht alle Menschen einer Gruppe kommunizieren immer gleich gerne. Ein Problem ergibt sich, wenn einige ihre Ruhe haben und andere kommunizieren möchten. Ein Beispiel ist das gemeinsame Essen in der Familie: Die Mutter war allein zu Hause und möchte Teil haben an den Erlebnissen des Mannes im Geschäft oder der Kinder in der Schule. Diese aber möchten ihre Ruhe haben und empfinden das Bedürfnis der Mutter nach Kommunikation als Störung und Einmischung.

Aufgaben

Erprobt im Rollenspiel Verhaltensweisen bei einer Einmischung:

* Familientisch: Die Mutter befragt ihr Kind über die Schule.
* Ein Kollege berichtet einer Kollegin von Schwierigkeiten mit einem Schüler. Ein anderer Kollege mischt sich ungefragt ein.
* Am Strand: Der Sohn baut eine Sandburg, der Vater mischt sich ein.
* Die Mutter gibt ihrer 15-jährigen Tochter Ratschläge, was sie anziehen soll.
* Der Vater fragt den Sohn über seine Leistungen in der Schule aus.

Auswertung

Welches sind die Motive für die Einmischung? Welche Gefühle lösen sie aus? Wann darf / kann / muss man sich einmischen? Wo ist der Unterschied zwischen Einmischung und Anteilnahme?

Einmischung kann zunächst als (lästige) Kontrolle empfunden werden. Kontrolle signalisiert immer: «Ich befürchte, du bist nicht o.k. – ich glaube, ich muss dir helfen». Das verstimmt einen in der Regel, und da könnte auch eine Reaktion einsetzen:

* *Verstimmung wahrnehmen, sich darüber Rechenschaft geben*
* *Verstimmtheit ansprechen:*
  – Das mag ich nicht
  – Das macht mich zornig
  – Das verletzt mich

Das Offenlegen der Gefühle ist eine Voraussetzung dafür, dass man über die Situation an sich sprechen kann.

Konfliktformular

Ziel: ritualisierte Form der Konfliktlösung erarbeiten

Das Formular sollte von der Klasse anlässlich eines Klassenrates entwickelt werden. Es wird von der Lehrerin schön dargestellt und in besonderer Farbe kopiert.

Tritt ein Konflikt auf, kann es zur Klärung, im Idealfall zur Konfliktbewältigung beitragen. Oft lassen sich kleine Streitigkeiten ohne weiteres Eingreifen der Lehrerin lösen.

Aufgabe

- Die beiden Streitenden füllen je für sich und ohne zu sprechen das Konfliktformular aus, um ihre Sicht der Dinge darzustellen.
- Sie tauschen das Formular aus und nehmen zu den Aussagen aus ihrer Sicht Stellung. Dann tauschen sie das Formular erneut.
- Sie versuchen im Verlauf der nächsten Runden ihre Lösungsvorschläge anzunähern, bis sie zu einer gemeinsamen Vereinbarung kommen.
- Jetzt unterschreiben sie beide Formulare – und erst jetzt dürfen sie auch wieder zusammen sprechen oder den Konflikt der Lehrperson unterbreiten.

Auswertung

Gelingt es euch, auf diese Weise ohne weitere Hilfe von außen kleine Konflikte zu lösen?

Konfliktformular

Namen der Betroffenen

Ort, Zeit

Kurze Beschreibung des Vorfalls

Partner 1

Mein Vorwurf an dich

Mein Fehler

Mein Lösungsvorschlag

Partner 2

Mein Vorwurf an dich

Mein Fehler

Mein Lösungsvorschlag

Vertrag

Unterschriften

Schlichten	Klasse	30 Min.	ab 4. Sj.
Ziel: einen Streit schlichten lernen	Konflikte lösen		K 7

Anlässlich eines spielerischen Streitgesprächs versuchen neutrale Personen den Konflikt zu schlichten und um Verständnis für die jeweils andere Position zu werben.

Aufgabe

• Die Klasse entscheidet sich für ein Streitthema, zu dem es vorerst unversöhnliche Positionen gibt. Das Thema soll durchaus ermöglichen, dass man sich in starke Gefühle hineinsteigert.

• Die Rollen (Position A, Position B und Schlichtungsperson) können gewählt oder durch die Leitung vorgegeben (evtl. zugelost) werden.

• Im Rollenspiel wird der Konflikt zunächst – evtl. lauthals und emotionsgeladen – verdeutlicht (Streitgespräch).

• Die Schlichtenden beraten sich, wie der Streit geschlichtet werden könnte. (Appell an die Vernunft; Vorschlag für einen Kompromiss…)

Auswertung

• Welche Argumente und welche Gefühle haben den Konflikt geprägt?

• Wie haben die Streitenden das Eingreifen der Schlichtenden erlebt?

• Welche Maßnahmen haben dem Streit die Schärfe am ehesten genommen?

• Wie gelang es, einen Kompromiss zu finden, der für beide Parteien annehmbar war?

Streit gehört in den Schulalltag, geht es doch gerade in der Zeit des erwachenden Bewusstseins für die eigene Individualität auch um die Position, die man in einer Gruppe einnimmt. Ein wichtiges Ziel ist darum, mit Konflikten umgehen zu lernen und Lösungen zu finden.

Variante

Die Schlichtungsaufgabe wird einer Person aufgetragen. Diese hat einen leeren Stuhl neben sich. Wenn sie winkt oder wenn jemand eine Idee für die Weiterarbeit hat, setzt man sich auf den leeren Stuhl und greift damit in die weitere Schlichtungsarbeit ein. Die erste Schlichtungsperson wird damit abgelöst.

Schiebezettel	Partner	10 Min.	ab 2. Sj.
Ziel: Verfahren zum Schlichten kleiner Streitigkeiten	Konflikte lösen		K 8

Das Ritual «Schiebezettel» dient dazu, einen Streit schriftlich statt mündlich ausfechten zu lassen, um ihm so etwas von der emotionalen Unmittelbarkeit zu nehmen. Es wird bei Zwistigkeiten und Streitereien angewandt. Die Streitenden werden dazu einander gegenüber an einen Tisch gesetzt. Es darf nicht kommuniziert werden, auch nicht mit nonverbalen Signalen.

Aufgabe

- A notiert seinen Vorwurf. *Immer schreist du mir Schimpfnamen an den Kopf, du Idiot du!* Er reicht den Zettel über den Tisch.

- B antwortet: *Idiot ist doch auch ein Schimpfwort, nicht?* usw.

In der Regel reichen wenige Minuten des Hin und Her, damit sich die Gemüter beruhigen und sich der Vorfall ohne weitere Einmischung von außen erledigt.

Auswertung

- Was erschwert diese Art der Konfliktlösung?

- Unter welchen Bedingungen funktioniert sie gut – wann eher schlecht?

- Wie wird es erlebt, dass der Konflikt nicht anderen, z.B. der Lehrerin mitgeteilt werden kann, dass man also allein gelassen wird? Was ließe sich dagegen tun?

Der Vorteil des Verfahrens ist es, dass es ohne Unterrichtsstörung im Schulalltag eingesetzt werden kann. Allerdings sollte dialogisches Schreiben als Methode eingeführt werden, etwa als Spielform im Schreibunterricht. Die verfassten Dialoge können in der Klasse vorgelesen und diskutiert werden.

Klassenpost	Klasse	30 Min.	ab 3. Sj.

Ziel: schriftlich Stellung nehmen — Konflikte lösen — K 9

Sollte in einer Gruppe oder in der Klasse zu einem Thema eine lautstarke Kontroverse losbrechen, kann als beruhigende und klärende Zwischenphase die «Klassenpost» gespielt werden: Man darf und soll weiterhin kommunizieren, aber für eine Weile nurmehr schriftlich.

Aufgabe

- Nehmt einen Zettel und notiert eure Meinung oder Botschaft für einen bestimmten Adressaten. Bringt ihm die Post.

- Antwortet auf erhaltene Post. Natürlich wird jede Nachricht unterzeichnet, es gibt keine anonymen Briefe.

- Nach einer Weile wird unterbrochen, damit die Positionen für alle sichtbar gemacht und geklärt werden können. Regel: Man darf seine Botschaften vorlesen, aber erst reagieren, wenn alle bekannt sind.

Variante

Warum nicht einmal auf diese Weise das Programm für die nachfolgende Sportstunde aushandeln?

Auswertung

- Was löst diese Form des Aushandelns aus und inwiefern schränkt sie die Beteiligten ein?

- Wie könnten die Regeln verfeinert werden?

Bei der «Klassenpost» kommen alle zu Wort. Aber es ist oft das Problem, dass jeder sich äußern, niemand aber zuhören bzw. lesen und reagieren will. Man muss darum manchmal dazwischen auch wieder eine Konferenzsituation schaffen.

Beim Spiel «Klassenpost» kommt es vor, dass sich Fraktionen zusammenschließen und ihre Botschaften gemeinsam verfassen. Diese Entwicklung sollte nur dann unterbunden werden, wenn der Streit dadurch wieder zu laut wird. Man sollte sich innerhalb der gleichen Fraktion flüsternd unterhalten und Strategien gemeinsam aushecken dürfen.

Kontrolliert streiten	Klasse Gruppe	30 Min.	ab 4. Sj.
Ziel: kontrolliert streiten lernen	Konflikte lösen		K 10

Im Eifer des (Wort-)Gefechts schreien wir uns schnell einmal an, ohne auf den anderen zu hören. Durch die folgende Übung soll erfahren werden, dass wir auch kontrolliert und diszipliniert streiten können.

Aufgabe

Bei einer Diskussion, vorab bei Streitgesprächen, wird die Regel eingeführt, dass vor jedem Beitrag auf die unmittelbar vorausgehende (oder zumindest auf eine früher geäußerte) Meinung eingegangen werden muss. Erst danach kommt die eigene Meinung. Sie wird normalerweise mit einer Begründung verbunden:

«Carol denkt, dass … . Ich aber bin der Auffassung, dass … und zwar aus folgendem Grund: …»

Variante

Bei Streitgesprächen mit gegenseitigen Vorwürfen wird zuerst der Vorwurf wiederholt, erst dann drückt man die eigene Meinung aus:

«Du sagst, ich sei / hätte … . Ich sehe das ganz anders … »

Beim Streiten besteht die Gefahr, dass die Affekte das Gespräch zu sehr beherrschen. Wer auf der emotionalen Ebene reagiert, spricht auch beim Partner diese Ebene an. Wird vor der eigenen Reaktion zunächst wiederholt, was der Gegner einem vorwirft, gewinnt man etwas Zeit und Distanz, sodass das Geschehen leichter wieder von der Vernunft gesteuert werden kann.

Manchmal kann es genügen, diesen Prozess im Selbstgespräch ablaufen zu lassen. Wir fragen uns vor der Reaktion: «Worum geht es dem anderen eigentlich?»
Dies kann die nötige Ruhe und Gelassenheit in einen Streit bringen.

Inhaltsverzeichnis